대화와 소통으로 시작하는
청소년 코칭의 시작!

# 똑똑한 부모의
# 따뜻한 코칭

대화와 소통으로 시작하는 청소년 코칭의 시작!

나정연, 박미정, 이유경

# 똑똑한 부모의
# 따뜻한 코칭

코칭 전문가의 실제 사례로 알아보는 청소년 코칭

어느 날 덜컥 들은 한마디, "나 자퇴할래." 어떻게 해야 할까?

생각나눔

# 목차

# 들어가며

오늘날의 청소년들은 전례 없는 정보의 홍수 속에서 자라나고 있습니다. 스마트폰 하나만으로도 세계의 지식과 문화를 손안에 쥘 수 있는 시대, 우리 자녀들은 끊임없이 변화하는 사회적, 기술적 환경에 적응해야만 합니다. 이러한 변화 속에서 청소년들은 자신의 정체성을 찾고, 진로를 결정하는 중요한 시기를 보내고 있습니다. 그리고 이 모든 과정에서 부모의 역할은 그 어느 때보다 중요합니다.

부모는 더 이상 권위적인 지시자가 아니라, 자녀의 성장을 돕고 이끌어주는 코치가 되어야 합니다. 이러한 시대적 요구에 부응하여, 자녀를 이해하고 그들의 내면적 성장을 지원하고자 이 책을 발간하게 되었습니다. 부모와 자녀 간의 관계는 단순히 명령과 복종의 관계가 아니라, 서로의 생각을 공유하고 이해하는 깊은 대화의 연속이어야 합니다.

부모가 자녀의 삶에서 겪는 다양한 문제들을 코칭의 관점에서 어떻게 접근하고 해결할 수 있는지 구체적인 방법을 제안하고자 합니다. 부모가 코칭 대화로 자녀의 성장을 돕기 위해, 실제 코칭 사례와 전문가의 조언을 바탕으로 작성되었습니다. 또한, 부모의 자아 성찰을 통해 자녀와의 관계를 개선하고, 그들의 미래를 함께 설계해 나갈 수 있는 토대를 마련할 것입니다.

또한, 자녀의 성공적인 미래를 위한 여정에서 부모님이 겪을 수 있는 다양한 도전과 기쁨에 대해 함께 고민하고, 그 해결책을 모색하는 여정의 안내자가 될 것입니다. 이 책을 통해 부모님들이 자녀와의 관계에서 새로운 인식을 얻고, 변화하는 세상 속에서 자녀를 지혜롭게 이끌 수 있는 코치로 거듭날 수 있기를 기대합니다.

# 제1부

# 그때, 나에게 코치가 있었더라면

"코칭은 한 사람의 잠재력을 열어
그들의 성과를 극대화하는 것이다.
그것은 그들을 가르치는 것이 아니라
배우도록 돕는 것이다."
– John Whitmore

# "꿈도 없고, 하고 싶은 것도 없어요!"

제 청소년기를 떠올려보면 아쉬움이 큽니다. 꿈도, 하고 싶은 것도, 목표도 없었습니다. 그렇다고 절망적이었던 것도 아니었습니다.

저는 항상 행복하고 싶었고, 늘 웃으며 평온하게만 살기를 바라는 아이였습니다. 중학교 때 친구들이 "고등학교는 어디로 갈 거야?", "대학은 무슨 전공으로, 어떤 대학을 갈까?" 이런 대화를 하는 것을 보면 신기하고 이상하게 느껴졌습니다. '왜 저런 고민을 하지? 그냥 때가 되면 고등학생이 되고, 대학생이 되고 자연스럽게 어른이 되는 거 아닌가?'라는 생각을 했습니다.

중학교 시절 사춘기가 왔고, 이유 없는 짜증만 느껴졌습니다.

목표를 세우고 공부하는 친구들 사이에서 저는 공부를 왜 해야 하는지 이해가 되지 않았습니다. '뭐하러 저렇게 열심히 하나….' 동기와 목표 없이 공부하다 보니 능률이 오르지 않고 흥미도, 보람도 없었습니다. 그러면서 자연스럽게 불안감도 올라왔습니다.

시간이 갈수록 '먹고, 놀고, 자고, 화장실 가는 것 말고 내가 할 수 있는 게 뭐지?'라고 생각하며 제 자신이 한심하게 느껴졌습니다.

그러다 인문계 고등학교에 진학하게 되었습니다. 그러면서도 저는 '인문계를 꼭 가야 하는 건가?'라는 의문을 갖고 있었습니다. 미용을 해서 멀티샵 같은 형태를 하고 싶었습니다. 그러나 당시에는 직업에 대한 편견이 심했고, 딸만 여섯이었던 우리 가정의 철칙은 딸 여섯 모두 4년제 대학을 졸업해야 성인이 되어도 자매간에 동등한 위치에 서 살 수 있다는 것이었습니다. 그래서 저는 자연스럽게 인문계 고등학교에 진학하고, 대학을 가야 하는 코스를 밟게 되었습니다.

제가 음악 교사가 되기를 바라시던 부모님의 뜻에 따라 저는 고등학교 1학년 때 음대 교수님께 오디션을 보고 바로 레슨을 받게 되었습니다. 부모님의 뜻대로 레슨을 받고 성실하게 연습하다 보니 콩쿠르에서 수상하게 되었고, 사범대학 음악교육학과에 좋은 성적으로 입학하게 되었습니다.

그러나 그건 제가 잘했던 것이지 좋아하는 것을 택한 건 아니었습니다. 그냥 주어진 상황에 맞춰서 열심히 했던 것뿐입니다.

대학 시절 과대표를 하면서 동기들과 어울리고, 선후배들과 함께 협업해서 연주하고, 교수님들과 소통하며 음악회를 기획하고 조율하는 일들이 재미있었고, 4년 내내 거의 과사무실에서 조교 선생님의 일을 돕는 것이 흥미로웠습니다.

대학교 4학년 때 교생 실습 후 부모님의 뜻대로 음악 교사가 되는 것이 계획이었지만, 교생 실습을 해보니 그 당시 억압적인 학교 분위기가 숨이 막혀서 '나의 진로는 교사가 아니다!'라는 생각이 들었고, 음악 교사가 되려던 저의 진로 계획은 거기서 막을 내렸습니다.

전국 콩쿠르에서 수상할 정도로 노래를 잘했지만, 노래하는 것을 좋아하지는 않았습니다. 오히려 사람과 어울려 소통하고 함께 무언가를 이루어내는 작업이 더 흥미롭고 보람 있었습니다.

그렇습니다! 좋아하는 것과 잘하는 것은 엄연히 다릅니다. 저는 요리를 좋아하지만 잘하지는 못합니다. 저는 춤추는 것을 좋아하지만 잘 추지는 못합니다. 그러나 사람들의 이야기에 진심으로 귀 기울여 주고 공감과 위로를 잘한다는 말을 많이 들었고, 저 또한 보람을 느끼며 즐거웠습니다.

지금 제 직업은 강사이자 코치입니다. 현재의 직업을 갖기까지 4번의 직업을 바꾸며 참으로 오랜 기간 돌고 돌아 여기까지 왔습니다.

학창 시절, 제가 좋아하면서 동시에 잘하는 것을 찾았다면, 그런 꿈을 향해 제 미래를 그려보라고 누군가가 이야기해주고 질문했다면 4번의 직업이 바뀌는 시간을 보내지 않았을 것입니다.

좋아하는 것과 잘하는 것을 찾아보고, 그 과정에서 작은 실마리라도 얻게 된다면 내 삶에 엄청난 변화와 성장, 그리고 행복이 따른다는 것을 코치가 되고 나서야 알게 되었습니다.

그때, 나에게 코치가 있었더라면, 제 삶은 어느 방향으로, 어떻게 흘러갔었을까 생각해봅니다.

# '사춘기 시절, 나의 아버지는 부재중!'

우당탕, 쨍그랑, 오늘도 어김없이 술을 드시고 오신 아버지의 주사가 시작되었습니다. 엄마는 "아이그, 징헌 거…" 하며 엎어진 밥상과 여기저기 흩어진 반찬과 그릇들을 치우며 푸념을 늘어놓으셨습니다. 그 말을 들은 아버지의 거친 손길이 또 엄마를 향해 날아갔습니다. 아버지는 마치 엄마가 자신의 감정 해소 수단인 양 행동하셨습니다. 엄마는 잘못한 것이 없으니 사과할 리 없었고, 다음 날 아침이면 냉랭한 분위기 속에서 서둘러 밥을 먹고 학교로 향했습니다. 그런 날들이 반복되었던 시간을 지내온 저의 청소년기는 어떤 모습이었을까요?

차라리 학교에서 노는 것이 더 낫겠다 싶어, 뜻하지 않게 저는 학교 가는 것을 좋아하게 되었습니다. 아버지와는 말 한마디도 나누기 싫었고, 집에서는 입을 다물어 버렸습니다.

일명 사춘기라는 이름으로 동생들도 감히 저를 건드리지 못했습니다. 무서운 아버지 밑에서 야단맞지 않고 지내는 것이 하루하루를 살아가는 방식이었습니다.

어느 날 밤, 친구들과 이야기를 나누며 집으로 가던 중 자전거를 타고 퇴근 중인 아버지의 실루엣을 보게 되었습니다. 순간 혼날까 두려움에 아버지임을 직감했지만, 등을 돌려 모른 척했습니다. 아버지는 웅성거리는 아이들 중 한 아이가 딸인지 아닌지 긴가민가하셨고, 집에 딸이 없는 것을 확인하자마자 빗자루를 들고 불호령을 내리셨습니다.

"그 남학생들은 어떤 놈들이냐…? 왜 아버지를 보고 아는 척하지 않았느냐…." 뒷동네에 사는 남자아이들은 우리와 같은 성씨를 가진 이웃집 친구였고 선배였습니다(알 만한 사람은 다 알겠지만, 시골 동네에서 같은 성씨를 가진 사람들은 한 가족으로 생각합니다.). 저는 왜 아버지를 모른 척했을까요? 모른 척할 수밖에 없는 환경을 조성했다는 것을 아버지는 전혀 모르셨습니다. 그때, 아버지는 무서운 존재였고, 아무 말도 못 하고 당하기만 해야 했던 시절이었습니다. 아버지는 자녀에게 도리와 임무만을 알려주셨고, 사랑이라는 것은 마음속에 깊이 간직하는 것으로만 알고 계셨던 분이셨기에….

점점 아버지에 대한 불만이 쌓여갔지만, 어떻게 말을 꺼내야 할지 몰랐고, 괜히 말을 꺼냈다가 불호령을 들을까 무서웠습니다. 그 시절, 밤하늘의 별들이 밝게 빛나는 날에는 늦은 밤 마당에 나와 별들을 보며 눈물을 훔친 것이 유일한 해소법이었습니다. 그럴 때 제 곁에서 위로해주고 제 말에 귀 기울여 줄 한 사람이 있었더라면 얼마나 좋았을까요?

외국 생활을 오래 한 어느 가수가 했던 말이 떠오릅니다. "어린 내아이가 나중에 힘든 일이 있을 때 나를 멀리하지 않고 아버지를 찾는 그런 아버지가 되고 싶다." 이 말이 가슴에 콕 박혔습니다. "나를 찾아와 의논할 정도의 아버지였으면 좋겠다." 너무나 훌륭한 멘트였습니다. 저는 이 가수의 정신을 비용을 지불해서라도 사고 싶을 정도였습니다. 그러나 저는 아버지를 멀리했습니다. 그렇다고 엄마와 깊은 대화를 나눈 것도 아니었습니다. 그저 가슴에 묻어두고 혼자 삭힐 수밖에 없었습니다. 참으면 되겠지, 시간 지나면 괜찮겠지…. 참는 것이 익숙해져 버렸습니다.

그러나 언제까지 참을 수 있을 줄 알았습니다. 아버지가 병을 얻고 치료를 받으면서 자식이라는 이름으로 해야 할 도리만 충실히 했을

뿐, 아버지를 향한 마음은 그리 따뜻하지 못했습니다. 사춘기 시절을 멍들게 했던 그때의 아버지는 이미 하늘나라로 가신 지 꽤 오래되었고, 아버지의 젊은 모습만 기억에 남아 있습니다.

그때! 제 곁에서 위로해주고 제 말에 귀를 기울여준 누군가가 있었더라면 어땠을까요? 코칭을 하고 나서 더욱 이런 생각이 많이 들었습니다.

요즘은 부모 교육과 다양한 자기계발 프로그램이 많아지면서 따뜻하고 대화를 잘하는 가정이 많아졌지만, 아직도 학교 현장에 가보면 마음을 어루만져 주지 못하는 가정에서 자라는 청소년들을 많이 볼 수 있습니다. 그 아이들은 마음을 이해하고 보듬어줄 어른이 필요합니다. 이제 저는 아버지를 이해하고 용서하게 되었습니다. 그러나 세상을 떠난 지 20여 년이 지난 지금도 머릿속에 남아 있는 것을 보면 꽤 아픈 기억을 안겨주었던 것입니다.

교육학을 전공하고 인간의 발달 과정을 공부하면서부터 서서히 그 시절 아버지의 상황과 환경을 이해하게 되었습니다. 그러나 그렇다고 해서 한 번에 완전히 이해하고 받아들여지는 것은 아니었습니다. 지속적인 저의 성찰과 치유를 통해 이제는 내면의 나와 화해하고 그때의 아버지를 이해하게 되었습니다. 이는 지속적인 공부와 사람의 마음을 이해하려는 코칭(Coaching) 덕분이라고 생각합니다.

# "누구에게나 세 번의 기회가 있다고?"

"누구에게나 세 번의 기회는 있다."라고 마사노리는 자신의 책에서 이야기합니다. 그 기회가 저에게도 왔을까요? 왔다면 그때는 언제였을까요? 제 인생에서 세 번의 기회 중 하나는 분명 '코칭'이었습니다.

저는 성실하게 열심히 살았지만, 삶의 문턱에서 큰 돌부리에 걸려 넘어졌습니다. 그 돌부리는 날카로운 상처를 남겼고, 제 삶은 잠시 멈췄습니다. 큰 충격과 아픔 속에서 앞만 보고 달리던 제 몸과 마음은 그 기간을 견디느라 힘들었습니다. 마음이 더 시리던 그 겨울을 보내며 저는 다시 일어설 준비를 했습니다.

오랫동안 알고 지내던 지인의 소개로 저는 보험 회사에 취직했습니다. 회사에서는 다양한 금융 지식과 생애 설계, 보험 관련 교육이 이루어졌습니다. 배우기를 좋아하는 저는 회사에서 이루어지는 많은 교육이 정말 유익했습니다. 그리고 누군가를 돕는 설계사로서의 꿈을 꾸었습니다. 공부하고 자격을 갖춘 후 본격적인 설계사로서의 일이 남았습니다. 한 가정의 재정 상황을 진단하고, 위험과 경제적인 자유를 위한 종합 설계를 통해 가정이 안전하고 행복한 생활을 할 수 있도록 돕는 설계사의 일은 분명 매력적이고 보람 있는 일이었습니다. 하지만 일을 하면 할수록 부담감이 늘어갔고, 처음 가졌던 열정은 서서히 식어가고 있었습니다.

그러던 어느 날 아침, 출근하던 엘리베이터 거울 속에서 본 제 얼굴에 충격을 받았습니다. 하기 싫은 일을 억지로 하고 있는 느낌과 표정. 이대로는 안 되겠다는 생각이 들었습니다. 그날 대학교 평생교육원을 뒤져서 '웃음 치료' 과정을 등록했습니다. '웃음 치료 강사 과정'이었지만, 저는 강사에는 관심이 없었습니다. 다른 사람이 아닌 저에게 지금 당장 '웃음 치료'가 절실히 필요했습니다. 선택은 성공적이었습니다. 낯선 사람들과 '하하호호' 웃다 보니 조금씩 속이 시원해지는 느낌이 들었습니다. 그때, 웃음 치료를 같이 공부하던 참여자의 소개로 '좋은 교육'이 있다는 소식을 들었습니다. 그 교육이 무엇인지도 모르고 그분의 손에 이끌려 갔다가 '코칭'을 만났습니다.

박창규 코치님이 직접 진행하시는 '온(On) 자신감' 프로그램이었습니다. 그 프로그램에서 큰 충격을 받았습니다. 공자는 나이 마흔이 되면 세상에 혹하지 않는다 하여 불혹이라 했지만, 저는 마흔이 넘어서야 처음으로 저를 발견하는 시간을 만났습니다. '아! 나도 귀한 사람이구나, 나도 온전하고 무한한 가능성이 있는 사람이구나!' 사람들 앞에서 저의 존재 선언을 하는데 눈물이 났습니다. 처음으로 제 자신과 온전히 만난 그 순간, 그 느낌은 지금도 생생합니다. 그 자리에서 몇 개월 후에 예정된 '임파워링 코칭 프로그램'에 등록했습니다. 당시 저에게는 부담되는 비용이었지만 더 깊이 알고 싶었습니다. 제

안에 있는 저를 새롭게 만나게 하는 코칭이 무엇인지 궁금했습니다.

　어떤 상황이 다른 방향이나 상태로 바뀌게 되는 계기 또는 그 지점을 터닝 포인트라고 합니다. 그때, 만난 코칭은 제 삶의 터닝 포인트가 되었습니다. 1년을 채우고 회사를 그만두고 본격적으로 코칭에 입문했습니다. 코칭을 배우는 과정에서 제가 세워지고, 제 안에 있는 잠재력을 찾아가며 자신감이 생기고, 코칭으로 내담자를 만나면서 저도 함께 성장해 나갔습니다. 그러면서 저는 '코치'가 되었습니다. 저는 코치라는 직업이 참 좋습니다. 제가 저를 온전히 만나고, 제 안에 있는 잠재력을 찾아서 제 길을 찾았던 것처럼, 사람들이 자신이 가진 가능성을 발견하여 자신의 문제를 해결하고 목표를 달성할 수 있도록 함께하는 일이기 때문입니다.

살다 보면 평탄하기만 할 것 같았던 길에서 예측하지 못한 날카로운 돌부리를 만날 때가 있습니다. 그러나 설령 돌부리에 걸려 넘어지더라도 우리는 그 자리에서 다시 일어나야 합니다. 그때, 누군가 온전히 제 편이 되어주고, 제가 미처 발견하지 못한 잠재력을 발견할 수 있도록 도와준다면 우리는 툭툭 털고 일어나 다시 한 걸음 앞으로 나아갈 것입니다.

# 제2부

# 코칭 속으로

"좋은 코치는 게임을 바꿀 수 있다.
위대한 코치는 인생을 바꿀 수 있다."

*– John Wooden*

# 코칭이란?

코칭(Coaching)은 '코치(Coach)'라는 말에서 파생되었습니다. 1500년대부터 코치는 사람들을 현재 있는 곳에서 가고 싶은 곳으로 데려다주는 마차를 가리키는 단어였습니다. 영국에서는 고속버스를 '코치'라고 부르고, 다른 유럽 국가에서는 사람들이 가고자 하는 곳으로 데려다주는 렌털 버스도 '코치'라고 부릅니다. 코치의 목적은 사람들이 원하는 곳으로 데려다주는 것입니다. 이후 코칭의 개념은 인간 개발 면에서 사용되며, 사람들을 원하는 곳으로 데려다주는 것이 아니라 그들 스스로 원하는 곳으로 갈 수 있도록 지원해주는 개념으로 발전했습니다. 현재의 생활에 특별한 문제가 없지만, 더 풍요롭고 의미 있는 삶을 살고 싶은 사람을 대상으로 스스로가 좋은 결정을 내릴 수 있도록 지지하는 건강한 파트너의 입장에서 출발한 것입니다.

국제코칭연맹(ICF)은 코칭을 "고객의 개인적, 전문적 잠재력을 최상으로 발휘할 수 있도록 영감을 불어넣고, 고객이 당면한 주제에 대해 생각을 불러일으키게 하는 창의적인 프로세스와 함께 고객의 파트너 역할을 하는 것"이라고 정의하고 있습니다. 현재 우리나라에서 코칭은 코칭의 형태나 대상, 영역에 따라 라이프 코칭, 커리어 코칭, 비즈니스 코칭, 부모 코칭, 부부 코칭, 학습 코칭, 진로 코칭, 성격 코칭, 강점 코칭 등 다양하게 정의되고 있습니다.

코칭 철학과 패러다임은 기본적으로 인본주의적 내용을 바탕으로 하고 있습니다. 인간 이해에 대해서 지극히 긍정적이고 낙관적입니다. 빅터 프랭클(Viktor Frankl)은 인간의 의지와 선택이 인간의 운명에 막대한 영향을 미친다는 이론을 펼쳤는데, 이는 코칭이 인간을 무한한 가능성을 가진 존재로 이해하는 데 많은 도움이 되었습니다. 또한 로저스(Carl Rogers)의 '인간 중심 상담' 이론은 사람이 자기 자신을 이해하고 자기 개념, 기본적인 태도, 자기 주도적인 행동을 할 수 있는 방대한 자원을 자신 안에 갖고 있다고 봅니다. 한편 마틴 셀리그만(Martin E. P. Seligman)이 주장한 긍정 심리학도 코칭과 많은 상호 보완성이 있습니다. 그 이유는 긍정 심리학의 주제가 '행복'이기 때문입니다. 코칭 목적 중 가장 큰 부분은 인간의 행복 추구에 대해 도움을 주는 것입니다. 가정이나 사회생활 또는 비즈니스에서도 생산성을 높이고 성과를 내고자 하는 것은 결국 행복한 삶을 위한 것으로 볼 수 있습니다.

# 코칭 철학

성공적인 코칭(Coaching)을 위해서는 명확한 철학이 필요합니다. 코칭은 인간 중심과 인본주의 철학을 바탕으로 세 가지 코칭 철학을 전제로 하고 있습니다. 코칭 철학은 코칭 대화의 방향을 정해주는 나침반과도 같습니다. 코칭 철학의 세 가지 핵심 요소는 다음과 같습니다.

## 1) 모든 사람에게는 무한한 가능성이 있다

첫 번째 전제는 인간에 대한 무조건적인 신뢰입니다. 이런 인간 중심 관점은 인간을 근본적으로 합리적이며 사회적이고, 발전적이며 현실적인 존재로 보는 것에 기초합니다. 로저스는 인간을 기본적으로 '실현 경향성(The Actualizing Tendency)'을 가지고 있다고 보았습니다. 이는 인간이 스스로 자신을 유지하고 자기의 잠재력을 건설적인 방향으로 성취하려는 성향이 있다는 것입니다.

## 2) 그 사람에게 필요한 해답은 그 사람 내부에 있다

답이 그 사람 내부에 있다는 것과 답을 알고 있다는 것은 다릅니다. 히데타케는 이것을 그 사람 내부에 '잠자고 있다'라고 표현합니다. 이는 인간의 잠재력에 대한 인정을 말하며, 인간에게는 자신의 문제를 스스로 처리할 수 있는 능력이 내재되어 있다는 것을 뜻합니다.

## 3) 해답을 찾기 위해서는 파트너가 필요하다

여기서 파트너는 코치를 말합니다. 대부분의 코칭은 혼자 하는 것이 아니라 상대방과 함께하는 과정입니다. 코치는 상대방 내부에 있는 해답을 끌어낼 수 있도록 지지하고 돕는 상호 동반 관계의 철학을 갖고 코칭에 임합니다. 휘트워스(Whitworth)는 코칭이 코치와 상대방의 요구에 대한 만족을 최대의 목적으로 하며, 둘의 관계는 완전히 대등한 파트너십을 이룬다고 하였습니다.

# 코칭의 필요성

2023년 4월, 우리나라의 한 유제품 업체가 스타벅스 차이나와 7조 원에 달하는 공급 계약을 체결했다는 언론 보도가 있었습니다. 중국 전역의 6,000여 개 스타벅스 매장에 대체유(식물성 음료)를 공급하는 것이었습니다. 국내 우유 소비가 점차 줄어드는 환경에 대응하기 위해 대체유 사업에 공을 들인 결과였습니다. 이처럼 기업은 새로운 변화를 따라가야 성공할 수 있고, 이런 변화를 위해서는 관점의 변화가 필요합니다. 기업에서 코칭을 가장 먼저 받아들인 이유입니다. 기업은 성과를 창출해야 하는 곳입니다. 기존의 수직적이고 수동적인 기업 구조로는 더 이상 급변하는 사회 변화에 적응하여 성과를 내기 어렵게 되었습니다.

최근 자기주도학습법에 대한 관심이 높아졌습니다. 자기주도학습이란 누가 시켜서 하거나, 해야 하니까 어쩔 수 없이 하는 공부가 아닌 스스로 생각하고 계획하고 실천하는 학습법입니다. 신종호 서울대 사범대 교수는 "공부를 잘하는 학생과 그렇지 못하는 학생의 핵심적인 차이는 자기주도학습에 있다."라고 말합니다. 즉, 티칭이 아닌 코칭이 먼저 필요합니다. 4차 산업혁명과 불확실성 시대에 필요한 것이 바로 자기주도학습이라는 것입니다.

모든 부모는 자녀가 잘 성장하여 행복한 삶을 살기를 원합니다. 그러나 자녀를 키우는 과정에서 겪는 어려움이 만만치 않습니다. 청소년기 자녀와 소통이 어려워지고 진로를 찾아가는 데 어떻게 도움을 주어야 하는지 막막할 때가 많습니다. 교육 현장에서도 마찬가지입니다. 현장에서 아이들을 돌보고 가르치는 역할을 하는 교수자들은 학생들이 가진 잠재력을 끌어내고 발휘할 수 있도록 돕는 역할이 필요합니다. 가르치고 배우는 단계를 넘어서서 가능성을 발견하고 그 가능성을 발휘할 수 있도록 하는 것입니다.

이처럼 성과를 내야 하는 기업에서도, 주도적으로 자신의 진로를 탐색해나가야 하는 학생들에게도, 그런 학생들을 창의적인 인재로 교육해야 하는 교육자에게도, 부모에게도 코칭은 훌륭한 길잡이가 되고 목표 달성의 도구가 될 수 있습니다.

코칭은 자신의 장점을 발견하고 싶은 사람들에게, 자신도 모르게 삶의 목표를 잃어버렸다고 생각하는 사람들에게, CEO의 꿈을 꾸는 예비 경영자들에게, 격변의 시대에 항상 고독한 결단을 내려야 하는 최고 경영자에게 스스로 큰 그림을 설정하게 하고 자신의 목표에 기쁜 마음으로 다가갈 수 있도록 지원하고 있습니다.

# GROW 코칭 대화 모델

코칭은 창조적인 대화의 기술입니다. 라면을 맛있게 끓이는 조리법이 있는 것처럼, 코칭에서도 대화 모델이 있습니다. 형식을 가지고 대화를 진행하면 어느 정도 성과를 얻을 수 있습니다. 이것이 바로 코칭에서 대화 모델이 필요한 이유입니다. 대화 모델은 코칭을 효과적으로 진행하기 위한 형식이자 틀입니다. 이 책에서는 다양한 코칭 대화 모델 중 GROW 모델을 다루겠습니다. 이 모델은 존 휘트모어와 그의 동료들이 코칭에 접목하여 전 세계에 널리 보급했습니다.

## GROW 코칭 대화 모델 구조

### 1) 목표(Goal): "정말 원하는 것은 무엇입니까?"

목표는 구체적이어야 합니다. 예를 들어, '공부를 잘하고 싶다.'라는 목표는 구체적이지 않기 때문에 실행이 어렵습니다. '이번 학기에 수학에서 지난 학기보다 20점 높은 점수를 받는 것'이라는 목표를 세웠을 때 구체적인 실행 계획이 나올 수 있고 실행 가능성도 커집니다.

- 무엇에 관해 이야기를 나누고 싶으세요?
- 대화가 끝났을 때 어떻게 되기를 원하십니까?
- 당신이 이루고자 하는 목표는 무엇입니까?

### 2) 현재 상황 점검(Reality): "현재 상황은 어떤가요?"

현재 상황을 객관적으로 살피는 것입니다. 현재 상황을 살피지 않으면 목표는 공상이 되어 버립니다.

- 목표와 관련된 현재 상태는 어떠합니까?
- 현재 당신은 어떻게 하고 있다고 생각합니까?

### 3) 대안 탐색(Options): "어떤 방법이 있을까요?"

모든 장애물에는 반드시 그것을 해결할 수 있는 대안이 있습니다. 대안을 탐색하는 과정에서는 목표가 상대방에게 얼마나 중요한지 확인해야 합니다.

- 목표를 이루기 위한 방법들은 무엇이 있나요?
- 만약 그것이 가능하다면 어떤 방법이 있을까요?

### 4) 실행 의지(Will): "당장 오늘 무엇을 하시겠어요?"

목표를 이루려면 반드시 행동이 따라야 합니다. 행동이 반복되어야 성장이 지속됩니다.

- 여러 가지 대안 중에 무엇을 먼저 시도해 보시겠어요?
- 그 대안을 실행하기 위해 이번 주에 무엇을 하시겠습니까?

# 코칭 대화 스킬

## 1) 경청

듣는 것(hearing)과 잘 듣는 것(listening)은 어떤 차이가 있을까요? 내 얘기를 잘 들어주는 사람이 있는가 하면, 어떤 사람들은 내가 얘기하는데도 잘 듣지 않고 자기 얘기를 더 많이 합니다. 많은 사람들은 상대방의 말을 들으면서 자신이 할 말을 생각하곤 합니다. 대부분의 사람들은 자신의 얘기를 주의 깊게 잘 들어주는 사람에게 호감을 갖고 더 많은 얘기를 합니다. 코칭과 상담뿐만 아니라 경청은 의사소통의 기본입니다. 잘 들어야 공감할 수 있고, 인정과 지지도 할 수 있으며, 질문도 가능합니다.

스티븐 코비(Stephen R. Covey)는 경청을 5단계로 나누었습니다.

(1) **무시하기**: 상대가 하는 이야기를 전혀 듣지 않는 단계입니다. 두 사람 사이에 소통이 전혀 되지 않는 단계입니다.

(2) **듣는 척하기**: 상대의 이야기를 듣는 척하지만 자신의 생각 속에 빠져 있거나 자신이 할 이야기를 생각하고 있는 단계입니다. 이런 경우, 말하는 사람은 상대가 진심으로 듣지 않는다는 것을 느낄 수 있기 때문에 진심 어린 대화가 되지 않습니다.

(3) **선택적으로 듣기**: 전체적인 맥락이나 내용을 듣지 않고 자신이 듣고 싶은 내용만 선택적으로 듣는 단계입니다. 이런 경우, 나중에 들은 내용에서 차이가 발생하여 오해가 생기기도 합니다.

(4) **귀 기울여 듣기**: 상대방이 하는 이야기에 충분히 귀를 기울여 듣는 단계입니다. 이야기하는 사람이 자신의 얘기를 잘 듣고 있다고 느낄 수 있는 단계입니다.

(5) **공감적 경청**: 귀를 기울여 듣고, 말하는 사람이 어떤 느낌을 갖고 이야기하는지, 왜 그런 이야기를 하는지 등 듣는 사람이 이해한 내용을 확인하며 듣는 단계입니다. 말하는 사람의 말의 내용뿐 아니라 숨겨진 의미도 이해하려고 하는 단계로, 말하는 사람이 충분히 이해받고 있다고 느끼고 적극적으로 대화에 참여하게 됩니다.

그냥 듣는 것이 아니라 잘 듣는 것을 '적극적 경청'이라고 합니다. 적극적 경청은 여러 가지 명칭과 의미로 사용됩니다. 감정은 물론 표현하지 않는 감정까지 공감하며 듣는 공감적 경청, 사실이나 감정, 의도 그리고 그 너머에 포함된 중요한 의미를 듣는 직관적 경청, 말하는 사람의 생각과 느낌을 재구성하여 상대방에게 전달하고 확인하는 반영적 경청, 내용의 흐름과 표현된 말의 전체 맥락을 이해하고 듣는 맥락적 경청, 대화의 공간에서 울려오는 에너지로 상대방을 경청하는 스페이스 경청 등이 있습니다. 그래서 경청은 전문적인 현장뿐만 아니라 개인적 삶과 인간관계에서도 유용한 기술입니다. 로저스(Rogers, 1965)는 적극적으로 경청하는 것을 '정확한 공감'이라고 표현하였습니다.

적극적인 경청을 위한 첫 번째는 '호기심'입니다. 말하는 사람에게 먼저 호기심을 갖는 것입니다. 호기심은 '새롭고 신기한 것을 좋아하거나 모르는 것을 알고 싶어 하는 마음'입니다. 호기심이 있는 사람은 주변의 현상에 대해서 '왜 그럴까?' 또는 '무슨 일일까?' 하는 마음으로 보고, 듣고, 질문하게 됩니다. 아인슈타인은 "나는 천재가 아니다. 다만 호기심이 많을 뿐이다."라고 말했습니다. 코칭은 사람을 '호기심 가득한 눈'으로 바라보는 것에서 시작됩니다. 상대를 향한 열린 마음을 가지면 상대방은 그 안에서 자신의 모습을 드러낼 수 있게 됩니다. 코칭에서의 호기심은 상대방의 성격, 사고방식, 세상을 보는 시각, 삶의 철학 등 말이나 행동의 근간이 되는 여러 생각에 관해 질문하고 탐구하게 됩니다.

두 번째는 듣는 사람의 태도입니다. 말을 듣는 사람이 컴퓨터나 휴대폰 보기, 먼 산 바라보기, 팔짱을 끼거나 전화 받기, 볼펜을 돌리거나 딱딱 소리내기 등의 행동을 한다면 상대방은 자신이 말하고 싶은 진짜 이야기를 하지 않을 가능성이 큽니다. 상대방이 말할 때는 하던 일을 잠시 멈추고 몸을 기울여 호기심 어린 눈으로 상대를 바라보는 자세가 필요합니다. 이야기를 들으며 맞장구를 칠 수도 있고 고개를 끄덕이며, 궁금한 내용은 다시 질문할 수도 있습니다.

세 번째는 적극적 경청입니다. 상대가 하는 말뿐만 아니라 의미와 가치관, 욕구, 정서와 감정 등 전체적인 맥락을 파악하며 듣는 것입니다. 그리고 말하지 않거나 드러내지 않은 비언어적 메시지와 행동까지 주목해야 합니다. 사람들은 언어적 표현뿐만 아니라 목소리의 톤, 몸의 자세, 표정, 눈빛 등 비언어적 표현을 사용하여 자신의 생각과 감정을 표현합니다. 이런 비언어적 메시지를 알아차리기 위해서는 상대방에게 온전히 집중하여 들어야 합니다. 잘 듣고 상대방이 말한 내용을 요약하고, 바꿔 말하고 거울처럼 되돌려주면 상대방도 자신이 한 말과 생각을 한 번 더 정리할 수 있게 되며 새로운 관점을 갖게 되기도 합니다.

경청을 방해하는 요소에는 충고하기, 해석하기, 단정하기, 판단하기, 선입견, 다른 생각하기, 끼어들기, 비교하기, 자기 주장하기 등이 있습니다.

> *"우리는 두 개의 귀와 한 개의 입을 가지고 있다. 그 이유는 우리가 말하는 것보다 두 배 더 많이 듣기 위해서다."*
>
> *– Epictetus*

## 2) 공감

미국의 미래학자인 제러미 리프킨은 "인류의 역사는 신앙의 시대와 이성의 시대를 거쳐 공감의 시대로 나아가고 있다." 말했습니다.

급격한 사회 변화 속에서 인공지능(AI) 기술이 점점 더 우리 삶에 깊숙이 들어오고 있습니다. 로봇과 함께하는 세상에서 더욱 중요해지는 것은 사람들과의 관계입니다. 어떤 사람들은 관계에서 어려움을 느끼고, 다른 사람들은 원활한 소통을 통해 더 큰 성취를 이루기도 합니다.

사람들은 학교나 가정, 직장에서 어려움이나 문제가 생겼을 때 코치나 상담사를 찾습니다. 서로 말이 통하지 않고, 감정만 상해 관계가 틀어질 때, 이런 상황에서 코치나 상담사와의 대화는 큰 만족감을 줍니다. 왜 그럴까요? 그것은 바로 코치나 상담사들이 탁월한 공감능력을 발휘하기 때문입니다. 이들은 공감이 사람들과의 소통에서 중요한 역할을 한다는 것을 알고 있습니다. 코칭으로 대화를 하려면 공감 능력은 필수적입니다. 공감 능력을 향상시키기 위해 꾸준히 훈련하고 노력하는 것이 중요합니다.

공감이란 다른 사람의 감정을 이해하는 것을 의미합니다. 로저스는 공감을 '상담의 필요충분조건 중 하나'로 정의하며, 상담자가 자신의 감정과 내담자의 감정이 섞이지 않으면서 그들의 내면세계에 들어가 그들이 경험하는 느낌과 의미에 익숙해지는 것이라고 설명했습니다. 즉, 다른 사람이 경험하는 것을 존중하는 마음으로 이해하는 것입니다. 장자는 진정한 공감이란 자신의 존재 전체로 듣는 것이라고 말했습니다. 귀로 듣거나 마음으로 이해하며 듣는 것을 넘어서 영혼으로 들어야 한다는 것입니다. 이렇게 온전히 존재로 공감할 때, 귀로 듣거나 마음만으로 이해할 수 없는 것들까지 파악할 수 있게 됩니다. 코칭에서의 공감이 바로 이런 존재 전체로 듣는 것이라고 할 수 있습니다.

문제를 해결해주고 다른 사람의 기분을 더 좋게 해주어야 한다는 생각이 우리가 온 존재로 그 자리에 있는 것을 방해할 수 있습니다. 공감의 열쇠는 바로 우리의 존재입니다. 그 사람 자신과 그 사람이 겪는 고통에 온전히 함께 있어 주는 것입니다. 공감으로 들어줄 때는 상대방이 자신을 충분히 표현할 기회를 주는 것이 중요합니다. 상대방의 마음속에서 일어나는 일에 계속 관심을 둠으로써 상대방이 좀 더 깊이 자신의 마음속을 관찰하고 표현할 수 있는 기회를 주게 됩니다.

인간관계에서 공감은 우리가 다른 사람에게 가진 선입견과 판단에서 벗어난 후에야 비로소 가능해집니다. 그러나 우리는 공감하는 대신 상대방을 안심시키고 조언하고 싶은 강한 충동을 느끼거나, 우리의 견해나 느낌을 설명하려는 경향이 있습니다. 공감은 상대방이 하는 말에 우리의 모든 관심을 집중하는 것입니다. 그리고 상대방이 자신을 충분히 표현하고 이해받았다고 느낄 수 있는 시간과 공간을 주는 것입니다. 상대가 위로나 조언을 받고 싶어 할 것이라고 추측하면서 '이렇게 해봐.'라고 해결책을 주는 것은 그 사람에게 좌절과 실망을 안겨줄 수 있습니다.

감성 지능(EQ: Emotional Intelligence)이라는 개념을 만든 세계적인 심리학자인 대니얼 골먼(Daniel Goleman)은 타인에게 효과적으로 집중하는 능력을 가진 리더는 그들의 공동 관심사를 찾아내고, 자기 의견을 호소력 있게 전달할 수 있기 때문에 모든 사람들이 함께 일하고 싶어 한다고 말합니다. 그는 타인의 견해를 이해하는 능력인 인지적 공감, 타인의 감정을 함께 느끼는 능력인 정서적 공감, 타인이 '나'에게 필요로 하는 것이 무엇인지 알아차리는 능력인 공감적 관심의 세 가지 공감 유형이 있다고 합니다. 이 세 가지는 경영자의 리더십을 효과적으로 발휘하는 데 매우 중요한 역할을 담당합니다.

- **인지적 공감:** 다른 사람의 정서적 상태를 잘 반영하는 성향으로, 다른 사람을 생각하면서 유대감을 느끼는 것입니다. 상대방의 마음을 헤아리고 표정이나 행동을 보고 감정이나 생각을 파악하는 것입니다. 인지적 공감을 잘하기 위해서는 상대의 감정을 직접 느끼기보다 감정에 대해 사려 깊게 생각할 수 있어야 합니다.
- **정서적 공감:** 타인의 정서적 경험을 잘 공유하는 능력으로, 타인의 감정 상태를 우리 몸속에 재현함으로써 타인의 감정에 몰입할 수 있게 합니다. 말 그대로 타인의 고통을 자기 것처럼 느끼게 되는 것입니다. 독일의 사회신경학자인 타니아 싱어는 "다른 사람의 감정을 이해하기 위해서는 자신의 감정을 이해할 수 있어야 한다."라고 말합니다.
- **공감적 관심:** 정서적 공감과 깊이 연결되어 있는데, 타인의 감정뿐 아니라 그들이 필요로 하는 것이 무엇인지까지 알아채는 것을 가리킵니다. 대부분의 사람들이 상대에게 바라는 것이 바로 이것입니다.

우리가 일상적으로 하는 말 중에서 다른 사람과 공감으로 연결하는 데 방해가 되는 장애물을 몇 가지 살펴보겠습니다.

- **조언하기:** "내 생각에는 ～해야 해.", "왜 이렇게 하지 않았어?"
- **한술 더 뜨기:** "그건 아무것도 아니야. 난 너보다 더한 일도 있었어."
- **위로하기:** "그건 너의 잘못이 아니야.", "너는 정말 열심히 했어."
- **다른 이야기 꺼내기:** "그 말을 들으니까 생각나는 건데 ⋯."
- **말을 끊기:** "그만하고 잊어버려."

- **심문하기:** "언제부터 그랬어?", "누가 그랬어?"
- **바로잡기:** "그건 네가 잘못 생각하고 있는 거야."

공감은 능력입니다. 이런 공감 능력은 어려서부터 자라면서 길러지지만, 노력하고 연습하지 않으면 저절로 생기지 않습니다. 공감은 노력으로 얻을 수 있는 능력입니다. 스스로 공감 능력이 떨어진다고 생각하는 사람도 누구든지 공감 능력을 높일 수 있습니다.

공감 능력을 높이기 위한 방법으로는 다음과 같은 것들이 있습니다.

가. 타인의 감정을 이해하기 위해 노력한다. 다른 사람의 마음을 헤아리기 위해서 꼭 그 사람의 말이나 생각에 모두 동의할 필요는 없습니다.

나. 새로운 사람들과 대화를 해본다. 주위 사람들과 안부를 물으며 인사하다 보면 다른 사람의 입장에서 생각할 수 있게 되고, 자연스럽게 공감 능력도 향상됩니다.

다. 다른 사람의 말을 경청한다. 다른 것에 신경 쓰지 말고 눈을 마주치면서 적극적으로 들어줍니다. 다음에 자기 얘기를 하려고 생각하지 말고 상대방의 말에 집중합니다.

라. 다른 사람의 감정을 헤아려 본다. 타인의 감정을 헤아리면 그 사람의 행동을 이해하기 쉬워집니다. 문제가 생겼다면 그 사람의 입장에서 생각하고 그 사람의 감정이 어떨지 생각해봅니다.

마. 다른 사람의 말을 편견 없이 받아들인다. 추측하거나 성급하게 판단하지 않고 그 사람의 관점에서 생각하다 보면 타인을 이해하기가 훨씬 쉬워집니다.

*"가장 높은 형태의 지식은 공감이다. 왜냐하면, 그것은 우리의 자아를 잠시 멈추고 다른 사람의 세상에서 사는 것을 요구하기 때문이다."*

*– Plato*

### 3) 인정과 지지

　최근 코칭을 받는 과정에서 '믿음'이라는 단어가 저에게 중요했다는 사실을 알게 되었습니다. 믿음이라는 단어를 따라가다 보니 여러 가지 단어들과 함께 인정받고 싶어 했던 어린 시절의 제가 떠올랐습니다. 공부를 열심히 해서 좋은 성적을 받아도, 집안일을 열심히 해 놓아도 돌아오는 인정과 칭찬이 별로 없었습니다. 어른이 되어 코치로서의 삶을 살면서, 아직도 어린 시절에 인정받지 못해 서운했던 감정이 남아 있음을 발견하곤 합니다. 만약 그때, 인정받고 지지받는 환경이었다면 지금은 다른 모습의 삶을 살고 있을까요? 그건 잘 모르겠습니다. 그러나 조금 더 자존감과 자신감 있는 모습으로 성장했을 것 같다는 생각은 듭니다.

　인정(認定)이라는 단어는 '알다, 인식하다'라는 의미와 '정하다, 정해지다, 반드시'라는 의미가 합쳐진 말입니다. 즉, 확실히 그렇다고 여기는 것을 인정이라고 합니다. 1943년, 미국의 심리학자 에이브러햄 매슬로는 인간의 욕구가 중요도별로 단계를 형성한다고 하며 욕구 단계설을 발표했습니다. 인간은 기본적인 생리적 욕구와 안전의 욕구가 충족되면, 사랑과 소속감의 욕구에 이르게 되고, 그다음 단계가 인정과 존경의 욕구라고 했습니다. 5단계 중 자아실현을 제외한 가장 높은 단계가 바로 인정 욕구입니다. 인정받고자 하는 마음은 인간의 기본적인 욕구임이 분명합니다.

김주환 교수의 책 『회복 탄력성』에는 하와이 카우아이 섬의 종단 연구에 관한 이야기가 나옵니다. 한 인간이 태어나서 겪을 수 있는 온갖 불운이 모여 있던 카우아이 섬에서 1955년에 태어난 신생아 833명을 대상으로 40년 넘게 연구가 진행되었습니다. 처음 연구의 주제는 "어떤 요인들이 인간을 사회적 부적응자로 만들며, 그들의 삶을 불행으로 이끄는가?"였습니다. 그러나 연구를 수행하던 중, 연구 방향이 바뀌게 됩니다. 연구 대상 중에서 특히 열악한 환경에 처했던 고위험군 201명 중 3분의 1에 해당하는 72명이 훌륭한 청년으로 성장한 사실이 발견되었습니다. 연구팀은 이들이 예외 없이 지니고 있던 공통점 하나에 주목했습니다. 그것은 그 아이의 입장을 무조건적으로 이해하고 받아주고 인정해주는 어른이 그 아이의 인생에 적어도 한 명은 있었다는 사실입니다. 그 어른이 부모든, 조부모든, 삼촌이든, 이모든 말입니다. 아이에 대한 변함없는 인정과 지지가 어떤 역경도 극복할 힘의 원천이 되었다는 것입니다. 존재에 대한 인정이 얼마나 중요한지 알게 되는 사례입니다.

사람을 변화시키는 데에는 두 가지 방법이 있습니다. 하나는 '질책과 위협'입니다. 이 방법은 일시적이고 급박한 경우에는 효과가 있지만, 반복되면 두려움을 갖게 하여 질책한 사람에게 부정적인 정서를 갖게 합니다. 또 하나의 방법은 '인정과 칭찬'입니다. 칭찬은 주로 잘한 행동이나 좋은 성과를 거두었을 때 해주게 됩니다. '잘했다.', '이번에 아주 좋았어.', '훌륭해.', '최고야.' 등의 말을 사용합니다. 그러나 이런 칭찬의 말은 겉으로 드러난 결과만을 다루기 때문에 그 영향력이 일시적일 수 있습니다.

하버드 대학 심리학과 교수인 로버트 로젠탈 교수는 초등학생을 대상으로 한 실험에서 칭찬의 긍정적 효과에 대한 이론으로 '로젠탈 효과'를 발표했습니다. 칭찬받은 아이들은 어휘와 지적 능력이 훨씬 향상되었습니다. '로젠탈 효과'에 의하면 칭찬을 자주 듣게 되면 서로의 감정을 소통할 수 있게 되고, 자신감이 생겨 긍정적 효과를 가져오게 됩니다. 그러나 칭찬이 좋다고 무조건 많이 하는 것은 오히려 역효과를 가져올 수 있습니다. 칭찬을 받던 사람이 칭찬을 못 받게 되면 열등감이 생기고, 다른 사람이 칭찬받을 때 질투를 느끼게 됩니다. 따라서 상황에 맞는 적절한 칭찬이 긍정적인 효과를 가져옵니다.

칭찬을 받은 사람은 잠시 기분이 좋을 수는 있지만, 스스로 내면을 들여다보기 어렵습니다. 눈에 보이는 결과에 집중하기 때문입니다. 그래서 사람이 성장하고 성숙하기 위해서는 스스로 내면을 들여다보는 것이 중요합니다. 그것은 바로 인정하는 데서 비롯됩니다. 코칭에서 인정은 칭찬과 다릅니다. 코칭은 내면의 파워를 끌어내는 데 목적이 있기 때문에 겉으로 드러난 결과나 행동을 칭찬하기보다, 그런 행동을 하게 된 내면을 인정해주어야 합니다. '잘했네.' 하고 칭찬했을 때와 '이번에 열심히 공부하더니 좋은 결과를 냈구나.'라고 인정했을 때, 상대의 느낌은 다릅니다. 눈에 보이는 '잘한 행동이나 선택, 좋은 결과'로 보이는 칭찬은 상대방의 힘을 충분히 끌어내지 못합니다. 그러나 인정은 어떻게 해서, 어떤 과정을 거쳐서 좋은 결과를 이루어냈는지 읽어주고, 상대가 그것의 가치를 스스로 인식하게 함으로써 최고의 능력을 발휘하도록 합니다. 그 과정에서 상대가 이미 알고 있는 것을 상기시키고, 인식하지 못한 것을 다시 알아차리게 함으로써 또 다른 내적 자원을 연결할 수 있습니다.

인정으로 상대를 성장하게 하려면 먼저 상대에 대해 더 많은 호기심을 가지고 내면을 들여다보는 노력이 필요합니다. 상대의 언어, 태도, 행동을 잘 관찰하면 그것이 보이고, 그것을 다시 상대에게 되돌려주면 됩니다. 상대가 말한 내용을 수용하고, 상대가 느끼고 있는 감정을 읽어주는 '공감 수용'도 코칭에서 말하는 인정의 한 방법입니다. 코칭에서 코치는 상대에게 가장 자연스러운 사고방식, 감정, 행동 패턴이 있음을 인정해야 합니다.

> "인정은 하루를 만들어줄 수도 있고, 심지어 인생을 바꿀 수도 있다. 이를 말로 표현하려는 당신의 의지만 있으면 된다."
>
> – *Margaret Cousins*

## 4) 질문

세계적으로 질문을 가장 잘하는 사람들로 유대인을 자주 지목합니다. 세계 인구의 0.25%에 불과한 유대인이 노벨상 수상자의 20~30%를 차지하는 이유 중 하나는 그들의 '질문의 생활화'에 있습니다. 유대인 아이들은 아침에 학교에 가기 전 "오늘 선생님께 무슨 질문을 할 거니?"라고 묻고, 학교에서 돌아오면 "오늘 선생님께 무슨 질문을 했니?"라고 물어보도록 교육받습니다. 선생님들도 학교에서 아이들에게 "네 생각은 무엇이니?"라고 끊임없이 질문한다고 합니다.

이런 질문 속에는 생각의 힘이 있습니다. 답을 주는 게 아니라 생각의 힘을 키워주는 것이 바로 질문의 힘입니다.

도로시 리즈는 『질문의 7가지 힘』이라는 책에서 질문에는 다음과 같은 7가지 힘이 있다고 설명합니다.

(1) **질문을 하면 답이 나온다:** 질문을 받으면 대답을 하지 않을 수 없습니다. 이를 응답 반사라고 부릅니다. 질문은 대답을 요구하므로, 질문하는 사람이 사용하는 단어, 질문 방식, 말투에 따라 대답이 달라질 수 있습니다. 좋은 질문은 사람들이 자신의 내부를 들여다보고 자기 안에 있는 자원을 발견하게 합니다.

(2) **질문은 생각을 자극한다:** 질문은 발명의 어머니라는 말이 있습니다. 폴라로이드 카메라도, 포스트잇 메모지도 모두 일상의 질문에서 비롯되었습니다. 자신이 만든 상자 속에 갇혀있는 사람에게는 상자를 열고 나올 수 있는 질문이 필요합니다.

(3) **질문을 하면 정보를 얻는다:** 질문은 원하는 정보를 얻을 수 있는 방법입니다. 일상의 모든 장면에서 많은 경우 정보를 얻기 위해 질문을 합니다. 질문을 통해 내용과 상황을 정확하게 인지할 수 있습니다.

(4) **질문을 하면 통제가 된다:** 여기에서 말하는 통제는 자신이 원하는 일이 무엇인지 알고 다른 사람에게 해를 끼치지 않으면서 그 일을 성공적으로 달성하는 것을 말합니다. 질문을 통해 사람들은 스스로를 통제하고 이성적으로 생각하고 감정을 조절하게 됩니다.

(5) **질문은 마음을 열게 한다:** 사람들은 자기 이야기를 좋아합니다. 사람들의 마음을 열게 하는 가장 쉬운 방법은 그들에 대해 질문하는 것입

니다. 대화가 되려면 먼저 상대방의 마음이 열려야 합니다.

(6) **질문은 귀를 기울이게 한다**: 질문은 주의를 집중하게 합니다. 사람들에게 귀를 기울이지 않으면 많은 오해와 실수, 논쟁이 생기고 성과가 나지 않습니다. 따라서 적절한 질문을 하고 상대방의 대답에 귀를 기울이면 상대방과의 관계가 긍정적으로 형성됩니다.

(7) **질문에 답하면 스스로 설득이 된다**: 누군가를 설득하는 최선의 방법은 스스로 자신을 설득하게 하는 것입니다. 사람들은 다른 사람의 말보다 자신의 말을 믿습니다. 질문을 사용해서 스스로 설득하면 자기 자신과 다른 사람들의 생활을 변화시킬 수 있습니다. 문제를 해결해야 하는 이유를 스스로 깨달아야 진정한 변화를 이룰 수 있습니다.

이처럼 질문은 그 자체로 강력한 힘을 갖고 있습니다. 코칭에서도 강력한 질문은 성과를 내는 데 큰 영향력을 발휘합니다. 코치는 질문을 통해 상대방이 어떤 사람인지, 원하는 것이 무엇인지, 어디로 가고 싶은지, 어떻게 원하는 곳으로 갈 수 있는지를 상대와 함께 탐구합니다. 강력한 질문은 깊게 성찰하게 하거나 평소 전혀 생각해보지 못했던 것을 새롭게 생각하게 합니다. 이런 질문은 상대방이 자신이 갖고 있는 문제의 본질을 파악하고 새로운 관점으로 자신의 문제를 해결할 수 있는 자원을 찾게 되는 계기가 되기도 합니다. 강력한 질문을 하기 위해서는 상대의 상황과 적절한 시기, 맥락에 맞는 질문을 사용하는 것이 중요합니다.

## 1. 열린 질문과 긍정 질문을 활용하라

♣ **열린 질문(생각을 열게 하는 질문)**

– 어떤 시도를 해보았나요?

– 어떻게 해보겠습니까?

♣ **닫힌 질문('예.' 또는 '아니오.'의 대답이 나올 수 있는 질문)**

– 시도는 해봤나요?

– 할 수 있을까?

♣ **긍정 질문(긍정적인 생각으로 해결책을 생각하게 하는 질문)**

– 어떻게 하면 되겠어요?

– 어떻게 하면 목표 달성이 가능할까요?

♣ **부정 질문(부정적인 에너지가 생겨나고 자신감이 떨어지는 질문)**

– 그런다고 되겠어요?

– 목표 달성은 어렵지 않을까요?

## 2. 모든 방향의 질문을 활용하라

**♣ 과거 질문(과거의 경험에서 자원을 발굴하기 위한 질문)**
– 과거에 행복했던(자랑스러운) 순간은 언제였나요?
– 살면서 배운 가장 중요한 교훈은 무엇인가요?
– 이 주제와 관련된 과거의 경험은 무엇인가요?

**♣ 미래 질문(자신의 미래 모습을 그려볼 수 있는 질문)**
– 사람들에게 어떤 사람으로 기억되기를 바라나요?
– 미래에 드러내고 싶은 내 존재의 모습은 어떤 모습인가요?
– 계획대로 된다면 10년(5년) 뒤에는 어떤 모습일까요?

**♣ 메타뷰(Meta view) 질문(넓은 시야로 전체를 바라볼 수 있게 하는 질문)**
– 비행기를 타고 하늘에서 내려다본다면 무엇이 보이나요?
– 지금 당신이 어떻게 보이나요?
– 당신은 지금 어디를 향해 가고 있나요?

*"질문하는 사람은 5분 동안 바보일 수 있지만, 질문하지 않는 사람은 영원히 바보로 남는다."*

*– Chinese Proverb*

# 제3부

# 청소년 코칭

"청소년은 인생의 한 시기가 아니라
마음의 상태이다."
– *Samuel Ullman*

# 사과 씨 청소년

새콤달콤한 사과는 여러 가지로 활용할 수 있는 맛있는 과일 중 하나입니다. 아침에 먹으면 보약이 되고, 잼으로 만들어 빵과 먹기도 하고, 주스로 비타민을 보충하기도 합니다. 이런 사과 안에는 작은 씨앗들이 들어있습니다. 어느 날 사과를 깎다가 그 씨앗을 자세히 살펴보았습니다. '지금 내가 먹는 이 사과도 하나의 씨앗에서부터 시작되었겠구나. 그렇다면 이 작은 씨앗 하나는 과연 몇 개의 사과를 열리게 할까?'

지리산 골짜기에 있는 한 과수원에는 한 그루에 3~4천 개의 사과가 열리는 사과나무가 있다고 합니다. 전북 고창군에 있는 한 포도 농장에서는 2005년에 심은 포도나무 한 그루에서 포도 4천 송이가 열린다고 합니다. 경주시 보문 관광단지 내에 있는 농업테마파크에서는 토마토 수백 송이가 주렁주렁 달려 많은 사람들의 관심을 끌고 있습니다. 사과도 포도도 토마토도 모두 하나의 작은 씨앗에서 시작되었습니다. 그 씨앗 속에는 4천 개의 사과와 4천 송이의 포도와 수

백 개의 토마토를 생산할 수 있는 무궁무진한 가능성이 자리하고 있는 것입니다. 우리 청소년들 안에는 얼마나 큰 가능성의 씨앗들이 자라고 있을까요?

대한민국에서는 청소년 기본법상 만 9세에서 만 24세인 자를 청소년으로 규정하고 있습니다. 따라서 어린이와 성인도 청소년 기본법에 포함될 수 있지만, 대부분 중학교와 고등학교 6년의 기간을 청소년으로 취급합니다.

청소년 시기는 삶에 있어서 혼란스럽기도 하고 흥미롭기도 하며 불안정한 시기입니다. 어린이도 아니고 어른도 아닌 중간 과정에 놓여 있기 때문입니다. 신체적으로 2차 성징이 찾아오면서 성호르몬의 변화가 생기고 그로 인해 감정의 기복이 심해져서 별것도 아닌데 슬퍼지거나 우울해지기도 하고 기분이 엄청 좋아지거나 화가 나는 경우도 많습니다. 충동적으로 행동하기도 하지만 아직은 그로 인한 결과에 책임을 져야 한다는 생각이 부족한 시기이기도 합니다.

이 시기는 어린 시절부터 가장 큰 구성원이었던 가족에서 친구에게로 관심이 확장되면서 작은 사회생활이 시작됩니다. 주변 친구에 대한 중요성이 높아져 친구 관계를 통해 심리적인 안정감을 갖게 되고, 자신이 누구인지 정체감을 형성하게 됩니다. 또한, 친구의 행동을 모방하거나 자신의 행동 기준으로 삼기도 합니다. 이런 친구 관계는 학업, 학교생활, 자존감 등 모든 영역에 영향을 미칩니다. 그러다 보니 친구 관계에서 문제가 생기면 공부에도 집중하지 못할 뿐 아니라 학교 가는 것도 거부하는 경우가 생기곤 합니다.

자아 정체감은 자기 자신의 독특성에 대한 비교적 안정된 느낌으로 내가 누구인지를 아는 것이며, 이는 타인이 나를 보는 방식과 일관성이 있어야 합니다. 청소년기는 정체성 형성의 결정적인 시기로 청소년은 남성 또는 여성으로서 자신의 성 정체감을 찾고 가정과 사회, 친구들과의 관계 속에서 자신의 역할과 위치를 발견하는 자아 정체감을 확립해 갑니다. 에릭슨은 청소년기의 자아 정체감 확립을 전 생애를 통해 가장 중요한 발달과업으로 보았습니다. 개인의 정체성은 청소년기에 정형화되며 청소년기는 경험과 사고를 통해 스스로 '나는 누구이며, 무엇이 되기를 원하는가?'와 같은 질문을 통해 자신을 탐구하고 자신의 정체성을 지각하기 때문에 매우 중요한 시기입니다. 그래서 이것이 제대로 형성되지 않으면 정체성 혼란이 일어날 수 있다고 하였습니다. 에릭슨에 의하면 안정적이고 일관성 있으며 동질적인 사회에서 자란 사람은 문화의 기대와 가치에 적합한 정체감을 형성합니다. 또한, 정체감을 형성하는 데 부모와의 관계가 중요한데 부모에 대한 적대감 때문에 부모의 기대와는 반대로 행동하려는 부정적인 정체감을 형성하는 경우도 있다고 하였습니다.

이 시기는 성적으로 온전히 성장이 완성된 나이가 아니어서 성적인 호기심이 많아지고 이성에 관심이 생기기 시작합니다. 이른바 'n번 방'으로 불리는 텔레그램 성 착취 사건이 많은 사람들에게 큰 충격을 주었습니다. 특히 가해자 중에 미성년자가 많고 20대의 젊은 청년이 상당수를 차지하고 있다는 점이 충격적이었습니다. 청소년들이 범죄에 가담하거나 피해자가 되는 이유는 무엇일까요? 여러 가지 원인이 있겠지만, 미디어의 영향을 무시할 수 없습니다. 태어날 때부터 공기처럼 존재하는 인터넷 세상에서 아이들이 경험하는 것은 유용한 내용도 많지만, 사실을 왜곡하거나 편협하게 해석하는 가짜 내용도 많습니다. 성을 소비하고 차별과 혐오가 난무하는 상황에서 아직 성장 과정에 있는 아이들이 중심을 잡기란 쉽지 않습니다.

미디어의 가장 큰 축을 담당하는 스마트폰으로 교육과 소통, 오락과 쇼핑이 모두 가능합니다. 이런 세상에서 청소년이 스마트폰에 지나치게 의존하는 문제가 코로나 이후 훨씬 심각해졌습니다. 여성가족부와 한국청소년정책연구원이 공개한 '2022년 청소년 통계'에 따르면 2021년 10~19세 청소년의 37.0%는 스마트폰 과의존 위험군에 속했습니다. 이 비율은 2019년 30.2%에서 2020년 35.8%로 높아졌고 2022년에는 더 상승했습니다. 중학생이 41.0%로 스마트폰 과의존 위험에 가장 취약했고, 그 뒤를 이어 고등학생이 36.4%로 나타났습니다.

2022년 엘리트 학생복 설문조사에 따르면 한집에 살면서도 서로 얼굴을 마주하기 쉽지 않은 일상 속에서 우리나라 청소년 10명 중 4명만이 주 5회 이상 가족과 저녁 식사를 하는 것으로 나타났습니다. 또한, 청소년의 61%가 가족과 하루 평균 1시간 미만 대화하고 있으며, 가족과 함께 저녁 식사를 하는 빈도가 높은 청소년일수록 가족과의 정서적 교감이 높다는 조사 결과가 나왔습니다. 교육부에서 밥상머리 교육을 실시하는 이유이기도 합니다. 그러나 위의 설문 결과에서 보듯이 자녀들과의 대화 시간은 턱없이 부족합니다.

그러다 보니 청소년기의 여러 가지 혼란스러운 상황과 어려움에서 오는 문제들을 감당하기 힘든 경우가 많아집니다. 여러 가지 스트레스를 제대로 표출하지 못하는 아이들은 심지어 자해로 자신의 상황을 표현하기도 합니다. 2010년에는 안전사고가 청소년 사망 원인 1위였으나, 2011년 이후 자살이 계속해서 사망 원인 1위를 차지하고 있습니다. 9~24세 청소년의 사망 원인 1위는 10년째 자살이라는 것입니다. 여성가족부와 한국청소년정책연구원이 공개한 '2022년 청소년 통계'에 따르면 중고등학생의 39%는 "스트레스가 많다."라고 답했습니다. 이 순간, 부모나 주변인들이 더 많은 관심이 필요한 때입니다.

친구들과의 관계가 넓어지고 다양한 분야에 대한 호기심이 생기면서 멋을 내고 유행에 맞게 자신을 꾸미고 싶은 시기이기도 합니다. 다른 친구들처럼 신형 에어팟도 사고 싶고 최신 휴대폰으로 바꾸고 싶은데 용돈은 한계가 있으니 아르바이트를 해서 욕구를 충족하려는 학생들이 늘고 있습니다. 그런데 이런 방법으로도 해결되지 않을 때는 범죄로 이어질 가능성이 커집니다. 2022년 10월 한 뉴스 매체에서는 고등학교에서 일어난 도난 사고에 관한 내용을 보도했습니다. 교실에서 도난 사고가 연이어 발생하자 학교에서 반 전체 학생들의 DNA 검사를 했다는 것입니다. 학생들의 인권과 자율성을 강조하는 학교에서 학생들을 대상으로 한 DNA 검사가 최선의 방법이었는지에 대한 적절성 논란이 있었지만, 어른들이 생각하는 것 이상으로 청소년들에게 돈은 매우 중요한 문제입니다.

중고등학교 시기는 자신에 대한 이해를 바탕으로 진로를 본격적으로 탐색하는 시기입니다. 진로라는 큰 테두리 안에서 자신과 사회의 변화에 대한 이해를 기초로 직업의 의미와 삶의 방향성을 설정하는 중요한 작업입니다. 그러다 보니 당사자인 청소년들의 고민이 클 수밖에 없습니다. 나는 무엇을 잘하는지, 어떤 재능이 있는지, 어떤 일이 나에게 맞는 일인지 등에 대한 고민으로 진로를 탐색하지만, 답을 찾기란 쉽지 않습니다. 그래서 이 시기에는 부모나 선생님, 진로 코치 등 도움을 줄 수 있는 사람들이 꼭 필요합니다.

# 02

# 청소년 코칭 사례

코칭 사례의 청소년들은 가칭 '자람이'로 통일하였습니다. 자람이는 'GROW 6 코칭 질문 카드' 중 GROW(자라다. 성장하다_위키낱말사전)의 상징으로 사람을 키우고 성장시킨다는 의미가 있습니다

## 미대 진학 준비 중인 고3 자람이

  자람이와의 전화 통화는 때때로 밤 12시가 넘어서까지 이어지곤 했습니다. 자람이는 어려서부터 대화를 잘했고, 대화의 수준도 비슷했기 때문에 쉽게 소통이 되었습니다. 하지만 처음부터 그랬던 것은 아닙니다.

  자람이를 처음 만난 것은 초등학교 6학년 때였습니다. 어느 날, 자람이는 아무 말도 하지 않고 그저 앉아서 입을 다물고 눈만 깜빡였습니다. 왜 그렇게 기분이 언짢은지 물어보았지만, 아무 대답도 하지 않았습니다. 그래서 "자람아~, 네가 하고 싶은 대로 감정 표현을 해봐."라고 말했더니 자람이는 연필을 있는 힘껏 눌러 부러뜨리며 눈물을 흘렸습니다.

  30분이 지난 뒤, 감정을 얘기해 줄 수 있냐고 물었지만, 자람이는 고개만 가로저을 뿐이었습니다. 그래서 저는 "그래, 그럼 말하고 싶을 때 얘기해줘…. 대신 오늘 우리가 해야 할 일이 있는데 이건 어떻게 할까?"라고 물었고, 자람이는 "할게요."라고 대답했습니다. 시간이 지나면서 자람이의 불같이 끓어오른 감정은 진정되었고, 이제부터 자신이 해야 할 일을 하겠다고 했습니다. 이후, 자람이는 저와 이야기하는 것을 좋아하게 되었고, 마음속 깊은 이야기를 나누곤 했습니다.

  고등학교 3학년 1학기 초, 자람이는 미술을 전공하겠다는 목표를 잡고 미술 학원에서 실력을 쌓아가고 있었습니다. 어느 날, 자람이는 펑 펑 울며 전화를 걸어왔습니다. "샘, 제가 미술을 계속해야 할까요? 제 자신에 대해 실망스럽고 이렇게밖에 안 되나 하는 생각에 답답하고 한심해서 마음을 추스르기가 힘들어요…"라고 말했습니다.

자람이는 자신이 지금까지 투자한 시간과 노력과 열정이 아무것도 아닌 것 같다는 생각에 한없이 눈물을 흘리며 이야기했습니다.

왜 그런 기분이 들었는지 차분히 이야기를 들어보았습니다. 자람이는 잘하고 싶은 마음과 칭찬받고 싶은 욕구가 강한 친구였는데, 원장 선생님의 기대에 못 미치는 작품과 결과물 때문에 스스로도 만족스럽지 못했고, 그런 말을 들으니 좌절감이 느껴졌던 것이었습니다.

자람이는 자신을 원망하며 눈물을 쏟아내고 있었고 일단 마음을 추스르도록 도왔습니다. 자람이의 현재 상태를 쭉 이야기하면서 그동안 어떤 강점이 잘 발휘되었는지에 대해 이야기했습니다.

자람이에게 어떤 점에서 그렇게 생각하는지 말해달라고 요청했습니다. 자람이는 "저는요, 엄청 열심히 하지는 않았지만, 그렇다고 게으르지도 않았어요. 그런데 최근 미술 학원 원장님으로부터 들은 무서운 이야기 때문에 어떤 선택을 해야 할지 고민이 많았어요."라고 말하고는 제법 안정감을 찾았습니다. 코치와 대화하는 동안 자람이는 자신을 다시 한번 점검하게 되었고, 실망하고 두려워하기보다는 남은 시간 동안 최선을 다해 준비해보기로 했습니다.

자람이에게 가장 필요한 것은 누군가의 진심 어린 경청과 지지였습니다. 자람이의 말에 경청하고, 자람이의 작은 노력에도 인정하며, 스스로에 대한 믿음을 다시 찾도록 도왔습니다.

## 강점과 노력에 대한 인정과 격려

자녀가 좌절하거나 자신감이 떨어질 때, 그동안의 노력과 강점을 인정해주고 격려하는 것이 중요합니다.

- **강점에 집중:** 자녀가 잘하는 것과 그동안의 성과를 인식하고 칭찬해 주세요. "너는 정말 창의적이야." 또는 "너의 작품은 항상 감동적이야." 같은 칭찬은 자녀의 자신감을 높여줍니다.

- **노력에 대한 격려:** 자녀가 최선을 다했음을 인정하고, 그 노력을 칭찬해 주세요. "열심히 노력하는 모습을 보니 정말 자랑스러워." 또는 "너의 노력이 결실을 맺을 거야."라는 말은 자녀에게 큰 힘이 됩니다.

이 주제와
관련하여
인정하고 싶지 않은
자신의 모습은
무엇인가요?

Reality—06

이런 상황에 어떻게 질문해야 할까요?

## 엄마와의 갈등을 겪고 있는 고1 자람이

　자람이를 만나기 전, 엄마와 사전 면담을 가졌습니다. 삼촌의 권유로 오게 된 자람이의 엄마는 원칙주의자이고, 모든 것이 빈틈없이 돌아가길 원하는 분이었습니다. 삼촌이 코칭을 권유한 이유는 엄마와 딸의 대립 상황이 안타까웠기 때문입니다.

　자람이는 엄마의 잔소리가 없어도 스스로 잘할 수 있다고 믿고 있었지만, 엄마가 잔소리를 넘어서 화를 내니 공부에 집중도 안 되고 스트레스를 받고 있었습니다. 엄마도 딸과 속 깊은 이야기를 나누고 싶지만, 가르치려는 태도 때문에 딸이 점점 말을 하지 않게 되었다고 했습니다.

　엄마는 딸의 모든 스케줄을 관리하며, 아이가 학교와 학원에 늦지 않게 하려고 노력했습니다. 학원에 늦게 갈 때마다 선생님으로부터 전화를 받으면 낮은 자세로 사과해야 하는 상황이 몹시 불편하다고 하셨습니다. 그래서 시간 관리를 잘하는 법을 아이에게 코칭해 주기를 원했습니다.

　자람이는 나름대로 일찍 일어나려고 노력하고 있지만, 엄마가 화를 내면서 자신을 통제하려고 하는 것이 속상하고 기분을 상하게 한다고 했습니다. 중요한 것은 엄마랑 잘 지내고 싶고, 갈등을 피하고 싶다는 것입니다. 엄마가 화를 내면 자람이는 감정이 상해 학교에서 공부할 때도 지장이 있고, 다른 고민이 있어도 엄마에게 말할 수 없다는 것이었습니다.

엄마와 자람이는 라이프 스타일이 달랐습니다. 엄마는 새벽에 일찍 일어나 하루를 시작하고 저녁 일찍 잠자리에 드는 반면, 자람이는 늦게 자고 늦게 일어나는 스타일이었습니다. 자람이는 A부터 Z까지 하나도 맞는 것이 없다고 할 정도로 서로 성격이 다르다고 했습니다. 엄마는 잔소리를 안 하고 싶지만 잔소리를 하게 한다고 하고, 자람이는 엄마가 잔소리를 안 하면 자신이 알아서 할 거라고 했습니다. 자람이가 보기에 엄마는 너무 모범적이고 원칙주의자여서 피곤하게 한다는 것이고, 엄마는 그렇게 하는 것이 당연하다고 말했습니다.

자람이를 처음 만났을 때는 낯가림과 수줍음이 있었지만, 자신의 답답한 속마음을 이야기하며 마음이 한결 가벼워졌다고 했습니다. 어렸을 때는 엄마와 이런 얘기를 잘 나누었는데, 고등학교 진학 이후로는 공부하느라 시간이 없고, 엄마의 생활 패턴에 잘 맞추지 못해서 갈등이 생겼다고 했습니다.

자람이는 나름대로 노력하고 있는데, 엄마는 그런 자신을 인정해주지 않고 야단을 쳐서 다투기도 한다고 했습니다. 현재 가장 문제가 되는 것은 엄마와의 갈등입니다. 엄마와 잘 지내고 싶은데, 엄마는 아침부터 잔소리한다고 했습니다. 물론 엄마가 늦게 자고 늦게 일어나는 자신을 지각하지 않게 하려는 책임감 때문이라는 것은 이해하고 있지만, 아침 일찍 일어나기 힘들다고 했습니다.

자람이는 아침에 엄마가 깨우지 않아도 일어날 방법을 찾기로 했습니다. 잠자기 전 휴대폰을 보지 않고 잠자리에 드는 방법과 음악을 들으면서 잠자리에 드는 방법 하나를 시도해 보기로 했습니다. 반복적이고 의도적으로 자신의 모습을 보게 하고, 스스로 변해야 할 것을 찾아보게 했습니다.

　엄마도 스스로의 모습을 들여다보고, 자람이에게 진짜 주고자 하는 것이 무엇인지 세밀히 생각해보게 했습니다. 엄마와 딸이 서로의 마음을 이해하고 존중하게 되면서, 엄마와의 갈등은 점차 줄어들었습니다.

　마지막 세션이 끝난 후, 자람이는 말 못했던 부분을 얘기할 수 있어서 좋았고, 자신의 문제점도 스스로 알게 되어 반성하게 되었다고 했습니다. 그리고 자신이 이해받을 수 있어서 좋았고, 엄마와 편안한 관계를 유지할 수 있게 되었다고 했습니다. 엄마도 자신이 모든 것을 해주려고만 하다가 자람이에게 다그치게 되었다는 것을 깨달았다고 했습니다. 알고는 있었지만 잘 안 되는 행동을 노력해 보겠다고 하셨습니다.

　코치로서 이 과정을 통해 서로의 성장을 돕는 코칭의 힘을 다시 한 번 느낄 수 있었습니다.

## 자녀의 자율성 존중하기

부모님이 자녀의 일상과 스케줄을 철저히 관리하는 것은 자녀에게 스트레스를 줄 수 있습니다. 자녀에게 자율성을 부여하고 스스로 자신의 책임을 다할 수 있도록 하는 것이 중요합니다.

- **자율성 부여:** 자녀가 자신의 시간 관리와 일상 활동을 스스로 계획하고 실행할 수 있도록 격려하세요. 자녀가 자신의 방법을 찾아보고 실수에서 배우며 성장할 기회를 제공하는 것이 중요합니다.

- **지원과 지지:** 자율성을 존중하면서도 필요한 순간에는 도움을 제공할 준비가 되어 있음을 알려주세요. 자녀가 자신감을 가지고 자신의 삶을 주도적으로 살아갈 수 있도록 격려하는 것이 핵심입니다.

하늘에서
내려다 본다면
현재 상황을
고민하고 있는
당신이 어떻게
보일까요?

Goal-09

이런 상황에 어떻게 질문해야 할까요?

# 게임에 빠져 공부에 집중하지 못하는 중1 자람이

방학 동안 종일 게임에 빠져 살던 중1 자람이는 수학과 영어 과외 외에는 대부분 시간을 컴퓨터 게임이나 친구들과 운동하는 데 보냈습니다. 그러나 손가락 부상으로 외부 활동을 거의 하지 못하게 되면서 스트레스를 많이 받고 있었습니다. 부모님은 맞벌이로 인해 낮 동안 아이를 통제할 수 없었고, 아이가 알아서 잘하길 바라면서도 걱정이 많았습니다.

자람이는 공부하는 방법을 모르고, 공부가 재미없다고 말했지만 한 편으로는 잘하고 싶은 마음도 강했습니다. 자람이는 자신이 초등학교 때 엄마가 공부하라고 강하게 말하지 않아서 지금의 자신이 되었다며 엄마를 원망했습니다. 첫 만남에서 자람이는 "저는 망했어요…. 저는 공부 잘하는 것은 포기해야 할 것 같아요…."라며 애써 자신이 공부에 대한 자신 없음을 변명했습니다.

우선 자람이의 성격 유형 검사를 해보니 자람이는 다른 사람들과의 갈등을 피하고 자신의 편안함을 찾기 위해 게임 속으로 빠져들어 간 것으로 보였습니다. 친구들 사이에서도 크게 도드라지는 행동을 하지 않는 순한 유형이었습니다. 아직 엄마의 손을 많이 거쳐야 하는 자람 이에게 자기주도적학습을 기대하기는 어려운 상황이었습니다.

첫 주에는 시간 관리에 대한 코칭을 시작했습니다. 현재 자람이의 시간 관리는 엄마의 잔소리에 의해 움직이는 패턴이었고, 이를 스스로 알아차리게 했습니다. 스스로 할 수 있는 일에 대한 성취감을 맛보고 자기 효능감을 심어주기 위해 노력했습니다.

어느 날, 자람이는 약속 시간을 지키지 못하고 늦게 온 적이 있었습니다. 두 번의 약속 시간을 어기며 미안함을 표현한 자람이에게, 시간을 소중히 여기는 법을 가르쳤습니다. 서로의 시간을 소중히 여기는 것이 얼마나 중요한지 느끼게 했고, 이는 시간 관리의 첫걸음이 되었습니다.

시간 관리가 잘 이루어진 후, 자람이의 목표를 설정했습니다. 현재는 학습 방법을 모르니 학습 방법을 알게 되면 목표를 이룰 수 있을 것이라는 자람이의 말에 따라 목표를 구체화하고, 그 목표를 이루었을 때의 기분과 감정을 표현하게 했습니다. 그리고 걸림돌이 되는 요소들을 찾아 조율할 수 있도록 도왔습니다.

매주 성장 일기를 쓰는 미션을 주었습니다. 처음엔 낯설어했지만, 점차 자신의 성장을 기록하며 성취감을 느끼게 되었습니다. 자람이는 점차 학습 동기를 유발할 수 있도록 자신의 목표를 설정하고, 학습의 필요성과 진로 계획 세우기 등의 구체적인 실행 방법을 찾아가기 시작했습니다.

코칭을 마친 자람이는 스스로 잘할 수 있다는 자신감을 갖게 되었습니다. 왜 공부해야 하는지를 알게 되었고, 자신의 한계점을 넘어섰을 때 느낀 보람과 성취감을 알게 되었습니다. 자람이는 '하면 되는구나.'

라는 것을 스스로 깨달았다고 말했습니다.

코치는 자람이의 가능성과 장점을 충분히 알아차리게 하고, 자람이가 스스로 자랑스럽게 생각할 수 있도록 도왔습니다. 자람이는 코칭을 통해 자신을 더 잘 이해하고, 자기주도적학습을 실천할 수 있게 되었습니다. 자람이는 밝은 얼굴로 앞으로도 방황하거나 방향을 찾지 못할 때 코치를 찾겠다고 말하며 감사의 인사를 전했습니다.

## 시간 관리와 책임감 교육

자녀가 시간을 효과적으로 관리하고 책임감을 가질 수 있도록 돕는 것이 중요합니다. 자녀가 시간 관리의 중요성을 깨닫고 스스로 시간을 소중히 여기는 법을 배우는 것은 꼭 필요합니다.

- **시간 관리 교육:** 자녀에게 시간을 관리하는 방법을 가르쳐 주세요. 스케줄을 계획하고, 우선순위를 정하며, 시간을 효율적으로 사용할 수 있는 방법을 안내해 주세요. 자녀가 시간을 잘 관리하게 되면, 학습뿐만 아니라 다른 활동에서도 더 많은 성취감을 느낄 수 있습니다.

- **책임감 강조:** 자녀가 자신의 행동에 대한 책임을 지도록 가르쳐 주세요. 약속을 지키는 것의 중요성을 알려주고, 시간을 어기거나 책임을 다하지 못했을 때의 결과에 관해 설명해 주세요. 책임감 있는 행동은 자녀가 성숙하고 독립적인 사람으로 성장하는 데 큰 도움이 됩니다.

당신의 친구가
같은 상황에
놓여 있다면
어떤 말을
해주고 싶나요?

Options-09

이런 상황에 어떻게 질문해야 할까요?

## 엄마와의 갈등을 겪고 있는 고1 자람이

학부모와 함께한 학습 코칭 강의장에서 만난 자람이는 내면의 강한 목표와 힘을 가진 학생이었습니다. 전체적인 학습 코칭 강의가 끝난 후, 자람이는 엄마와의 뜻이 맞지 않아 마음속에 고민이 있는 듯 보였습니다.

조용히 다가와 개별 코칭을 원한 자람이는 미소 띤 얼굴로 코치를 기다리고 있었습니다. 멋진 미래를 꿈꾸는 자람이는 자동차에 관심이 많았고 가족들과의 여유로운 생활을 그리고 있었습니다. 그러나 엄마와의 생각 차이로 인해 스트레스를 받고 있었습니다.

엄마는 언제라도 꿈이 변할 수 있다고 말하며, 자신이 정한 목표에 이르지 않더라도 괜찮다고 하셨지만, 자람이는 이런 엄마의 말이 달갑지 않았고, 성적이 점점 떨어진다고 했습니다. 엄마의 말이 의욕을 꺾는다고 느꼈기 때문입니다.

엄마는 자람이를 위해서 하는 말이라고 생각하지만, 자람이는 기분이 별로 좋지 않아서 공부에 집중이 흐트러진다고 말했습니다. 성향 검사 결과, 자람이는 목표 성취 지향적이고 결과 중심적인 성향을 가진 유형이었습니다. 그래서 자신이 잘하지 못하면 원하는 삶을 살지 못할까 봐 걱정이 많았습니다.

가장 해결하고 싶은 문제는 엄마와 충돌 없이 공부에 집중하는 것이었습니다. 엄마의 말에 신경 쓰지 않고 자신의 목표대로 잘할 수 있다면 좋겠다는 포부를 가진 학생이었습니다.

시험 기간에 늦게까지 공부하고 있으면 엄마가 방에 들어와 이제 그만하고 자라고 말하는 것이 스트레스의 원인이었습니다. 자람이는 집중해서 열심히 하고 있는데 엄마의 말이 공부의 흐름에 방해가 된다고 느꼈습니다. 이런 상황이 반복되면서 엄마와 티격태격하는 일이 발생한다고 했습니다.

엄마도 왜 그런 상황이 반복되는지 이해하기 어려워했습니다. 엄마와의 대화를 통해 자람이도 엄마의 걱정과 염려를 잘 알고 있으니, 과정을 즐기는 것도 좋을 것 같다고 제안했습니다. 자람이와 엄마는 상대방이 이야기할 때 선입견을 갖지 않고 진심으로 듣고 긍정적인 의도를 먼저 읽어보는 연습을 하기로 하였습니다. 엄마와의 부드러워진 대화로 자람이의 마음이 편안해져 이를 통해 학습에 전념할 수 있었고 원하는 목표였던 전교 1등을 이루어낼 수 있었습니다. 이처럼 자신의 생각을 내려놓고 상대방의 말과 말속에 들어있는 생각을 잘 읽는 것은 모든 의사소통의 기본이 됩니다.

## 긍정적인 소통과 경청

부모와 자녀 간의 소통은 자녀의 학습 동기와 집중력에 큰 영향을 미칩니다. 부모가 자녀의 의견과 감정을 진심으로 경청하고, 긍정적으로 소통하는 것이 중요합니다.

- **경청의 중요성:** 자녀의 이야기를 경청하고, 자녀의 감정을 이해하려고 노력하세요. 자녀가 자신의 생각과 감정을 표현할 때, 중단시키지 않고 끝까지 들어주는 것이 중요합니다. "너가 그렇게 느끼는구나, 알겠어." 같은 말은 자녀에게 큰 위로가 됩니다.

- **긍정적인 소통:** 부정적인 말보다는 긍정적이고 건설적인 피드백을 제공하세요. 예를 들어, "인제 그만 자라."라는 말보다는 "몇 시까지 공부할 계획이니? 너무 늦지 않게 잘 시간이 필요해."라고 물어보는 것이 더 효과적입니다. 자녀가 자신의 계획을 세우고 책임질 수 있는 환경을 조성하는 것이 중요합니다.

그 목표는
당신에게 어떤
의미가 있나요?

Goal-04

이런 상황에 어떻게 질문해야 할까요?

# 게임 외에는 어떤 것도 관심이 없는 중2 자람이

중학교 2학년인 자람이는 게임에 깊이 빠져 있었습니다. 학교생활은 무의미하게 느껴지고, 공부에는 전혀 관심이 없었습니다. 어느 날, 엄마의 손에 이끌려 코칭을 받게 되었습니다. 첫 만남에서 코치는 자람이의 눈높이에 맞춰 게임처럼 목표를 설정하고 달성하면 보상이 주어지는 시스템을 소개하면서 라포(마음 열기)를 형성했습니다. 자람이는 호기심을 보였고, 작은 목표부터 시작하기로 했습니다. 첫날은 자람이의 관심사인 게임을 바로 끊어내지 않고 작은 변화를 시도해 보았습니다.

자람이는 학교에서도 휴대폰을 손에 쥐고 있을 때만 눈이 반짝였고, 학습이 끝나면 곧바로 게임을 하러 갔습니다. 그런 자람이에게 코치는 자람이가 좋아하는 게임 속 이야기를 예로 들어 문제 해결 능력과 학습을 연관 지어 설명했습니다. 자람이는 수학 문제를 풀면서 전략을 세우는 게임 속 캐릭터처럼 생각하기 시작했습니다. 몇 번 시도했으나, 게임과 학습을 연결짓는 것이 뭔가 꺼림칙하다고 느껴 결국 그만두고 싶다고 했습니다. 자람이는 게임만 하는 것은 좋은 것이 아니라는 것을 알고 있었고, 코치는 이를 인정해주며 다음 코칭까지 어떻게 해볼지 생각해 오기로 했습니다.

게임 속 몬스터를 처치하듯, 자람이는 어려운 과목을 하나씩 정복

해 가기로 했습니다. 작은 성취를 칭찬하며 격려했고, 자람이는 자신 감을 얻기 시작했습니다. 학교에서도 친구들과 팀 프로젝트를 할 때, 게임에서 팀을 이끄는 리더처럼 자신감을 갖고 팀을 이끄는 상황을 만들어 냈습니다. 코치는 자람이의 발전을 칭찬하며, 자기 발견을 통해 자신감을 더욱 키워나갔습니다.

　탄력을 받은 자람이는 스스로 학습 계획을 세워 보자고 했습니다. 일주일 계획을 점검하며, 단기적인 목표를 설정해 성공 경험치를 자주 쌓도록 격려했습니다. 자람이는 게임 시간을 조절하는 방법을 배우며, 자신의 속도에 맞는 학습 전략을 세워 적용해 보았습니다. 자신의 모습을 돌아보며 반성하고, 스스로의 성장을 자랑스러워했습니다.

　자람이는 가끔 실수하고 스스로의 약속을 어기기도 했지만, 점차 자신의 미래를 생각하며 게임만 하던 날들에서 벗어나기 시작했습니다. 코치와의 대화 속에서 자람이는 프로그래머가 되고 싶다는 꿈을 발견했습니다. 이 꿈을 실현하기 위해 공부가 필요하다는 것을 깨달았고, 게임을 단순한 취미가 아닌 미래를 위한 도전으로 바라보게 되었습니다. 자람이는 게임 속에서 무기력하게 시간을 보내는 대신, 학습을 통해 자신의 미래를 설계하는 주인공으로 성장해 나갔습니다. 이 과정에서 자람이는 자신의 취미를 긍정적인 방향으로 해석하고, 현재 해야 할 일이 무엇인지 깨닫게 되었습니다.

## 자녀의 관임사를 존중하고 활용하기

자녀가 관심을 갖고 있는 것을 무조건 금지하거나 부정하기보다는, 그 관심사를 긍정적인 방향으로 활용할 수 있도록 도와주는 것이 중요합니다. 게임에 대한 관심을 학습과 연계하여 목표를 달성할 수 있도록 도와주세요.

- **관심사 존중:** 자녀가 어떤 것에 흥미를 느끼는지 파악하고 그 관심사를 존중하세요. 자녀가 게임을 좋아한다면, 게임 속에서 배울 수 있는 긍정적인 요소를 찾아 학습과 연결해 보세요. 예를 들어, 게임에서 전략을 세우는 능력이나 문제 해결 능력을 학습에 적용할 수 있습니다.

- **긍정적인 방향으로 유도:** 자녀의 관심사를 긍정적인 방향으로 발전시킬 수 있도록 도와주세요. 자녀가 게임 개발자나 디자이너가 되고 싶다면, 관련된 학습과 활동을 권장하고 지원해 주세요. 자녀가 자신의 꿈을 실현하기 위해, 필요한 학습과 노력을 이해하고 실천할 수 있도록 도와줍니다.

목표를 달성한
자신에게
해주고 싶은 말은
무엇인가요?

Will–07

이런 상황에 어떻게 질문해야 할까요?

## 사례 06

# 가정불화로 우울과 불안을 겪고 있는 고1 자람이

고등학교 1학년인 자람이는 며칠 동안 결석 후 학교에 나왔습니다. 상담실에 들어와 간단히 인사를 나눈 자람이는 고개를 들지도 않고 눈 맞춤도 피했습니다. 책상 위에 올려놓은 손이 가늘게 떨리는 모습이 눈에 띄었습니다. 선생님은 "두 시간이든 세 시간이든 충분히 이야기를 나눠달라." 당부하고 상담실에서 나가셨습니다.

대화를 시작하며 자람이가 편하게 마음속 이야기를 나눌 수 있도록 충분히 기다려주었습니다. 왜 사흘 동안 학교에 나오지 않았는지, 선생님과 친구들 전화를 왜 받지 않았는지, 지금 어떤 상황인지를 이야기하는 동안 자람이는 많은 눈물을 흘렸습니다. 들썩거리는 어깨를 가만히 쓰다듬어 주며 이야기를 들어주었습니다.

가정불화로 인한 어린 시절의 상처와 그 힘들었던 상황을 어떻게 버텨왔는지, 지금 얼마나 힘든지에 대한 얘기들이 쏟아져 나왔습니다. 이야기 속에서 자람이는 감정을 토해내며 가슴속 깊은 아픔을 드러냈습니다.

다행히 직장생활을 하는 언니와 잘 소통하고 있었고, 학교에서 자신을 믿고 지지해주는 선생님이 있다는 사실이 자람이를 지탱하고 있었습니다. 어른들로 인해 여러 가지 어려움에 처했던 현실에 대한 감정들이 휘몰아치고 지나가자, 자람이의 얼굴에 다시 밝은 빛이 돌아왔습니다.

현실은 쉽게 벗어날 수 없는 것처럼 느껴질 수 있지만, 눈을 들어 다른 가능성을 찾기만 한다면 새로운 길을 발견할 수 있습니다. 자람이에게도 이런 가능성을 찾도록 필요한 질문을 시작했습니다.

자신의 흥미와 재능에 관해 이야기 나누다 보니, 자람이는 그동안 숨겨두었던 꿈과 목표를 발견하게 되었습니다. 자람이는 밝아진 에너지를 보이며 현실에서 벗어나 자신의 삶을 살 수 있는 방법에 눈을 돌리기 시작했습니다.

현실은 달라지지 않지만, 그 현실을 어떻게 받아들이고 행동할 것인지, 그 선택은 자신만이 할 수 있다는 점을 강조했습니다. 자람이와 함께 관심 있는 분야가 어떻게 직업과 연결될 수 있고, 어떻게 확장될 수 있는지 이야기 나누는 과정에서 자람이의 눈빛이 반짝였습니다.

흔들리지 않고 자신만의 삶을 살기 위해서는 변하지 않는 현실에 대처할 방법을 구체적으로 찾는 작업이 필요했습니다. 앞으로 같은 상황이 발생하면 어떻게 대처할 것인지, 누구에게 도움을 요청할 것인지, 평상시에 어떻게 몸과 마음의 건강을 관리할 것인지를 찾아 자신을 관리할 수 있도록 도왔습니다.

세 시간에 걸친 코칭이 끝난 후, 자람이는 "상담받으면서 이렇게 운적은 처음이었다. 지금까지 내가 괜찮은 줄 알았는데 그게 아니었나 보다."라며 자신의 감정을 살피고 성찰하는 모습을 보였습니다. 밝은 얼굴로 교실을 나가며 의지를 다지는 자람이를 보며 다시 한번 느끼게 되었습니다.

'그래, 너는 귀하고 소중한 존재야. 앞으로 너의 이야기를 마음껏 써 봐. 충분히 잘할 수 있어!'

## 감정의 표현과 현실 대처 능력 강화

자녀가 자신의 감정을 표현할 수 있는 안전한 환경을 제공하는 것이 매우 중요합니다. 자녀가 감정을 솔직하게 표현할 수 있도록 도와야 합니다. 또한, 자녀가 현재의 현실을 어떻게 받아들이고 대처할 것인지에 대한 구체적인 전략을 세울 수 있도록 돕는 것이 중요합니다.

- **감정 표현을 장려하기:** 자녀가 슬픔, 분노, 두려움 등의 감정을 표현할 때 이를 억제하지 않고 받아들여 주세요. "네가 그렇게 느끼는 것은 당연해."라는 말은 자녀가 자신의 감정을 이해하고 인정받는다는 느낌을 주어, 감정적인 치유에 큰 도움이 됩니다.

- **현실 대처 전략 마련:** 자녀와 함께 현실에서 발생할 수 있는 문제 상황에 대해 논의하고, 그 상황에 어떻게 대처할 것인지에 대한 구체적인 계획을 세우세요. 예를 들어, 스트레스를 받을 때 어떻게 대처할 것인지, 도움을 요청할 사람이 누구인지 등을 미리 정해두면 좋습니다.

목표를 달성한
자신에게
해주고 싶은 말은
무엇인가요?

Will-07

이런 상황에 어떻게 질문해야 할까요?

# 자퇴만 고집하는 무기력한 고2 자람이

고등학교 2학년인 자람이는 성적이 5등급에서 더 오르지 않자 자퇴만을 고집하며 등교하지 않으려 합니다. 엄마는 좋은 대학에 가야 한다며 코치에게 딸을 설득해 달라고 간곡히 부탁합니다.

첫 만남에서 자람이는 눈도 마주치지 않고 아무것도 하기 싫다며 자퇴만 하겠다고 했습니다. 자퇴 후의 계획을 물으니 "모르겠다." 하는 답만 돌아왔습니다. 현재 상황을 탐색해보니, 1학년 때보다 성적이 많이 떨어져 자신감이 바닥을 친 상태였습니다. 엄마의 기대에 부응할 수 없으니 숨이 막히고 무기력하기만 했습니다. 씻는 것조차 귀찮고 거울을 보지 않은 지도 꽤 되었습니다.

코치는 무조건 자퇴가 안 된다는 반응보다는 우선 자람이의 입장에서 공감해주기로 하였습니다. 그동안 자람이의 마음이 어땠을까요?

1학년 때보다 성적이 많이 떨어져 자신감이 없는 상황에서 엄마의 기대마저 부응할 수 없어 숨이 막히고 무기력한 자람이는 그 누구보다 가장 힘들고 두렵고 외로웠을 것이란 생각이 들었습니다. 여러 차례의 코칭이 진행되는 동안 자람이의 편에 서서 들어주고 공감해주고 나니 자람이가 눈을 맞추기 시작합니다. 아무것도 아닌 변화 같아 보이지만 실은 어마어마한 변화의 시작입니다.

엄마와의 면담에서 자람이의 무기력한 에너지를 끌어올리는 것이 우선이라고 제안하는 과정에서 엄마도 자람이 몰래 코칭을 받고 싶다고 연락이 와서 모녀를 각각 코칭하게 되었습니다. 엄마와 자람이의 각각의 코칭 내용은 철저하게 비밀 보장 하에 진행되었습니다.

엄마와의 면담 후, 엄마가 자람이를 믿고 의견을 존중하여 자퇴에 대해 긍정적으로 검토한다는 말에 자람이의 긴장감이 다소 풀린 듯했습니다. 자퇴 후 생활을 그려보고 장단점을 찾으며 극복 방안을 논의했습니다. 자람이는 자퇴만 하면 모든 게 해결될 줄 알았지만, 막상 엄마가 긍정적으로 고민해본다 하니 오히려 더 복잡해 보였습니다. 자퇴만이 답이 아닐지도 모른다고 합니다.

무언가 해소된 것마냥 화제를 돌려 이번에는 다이어트를 하고 싶다고 합니다. 실행 계획을 세워 바로 헬스장에 등록하고 매일 식사 전 찍은 사진과 운동한 시간을 코치에게 보내겠다고 했습니다. 한 달 만에 10kg을 감량하며 처음으로 기쁜 미소를 보였습니다. 성취감을 느끼며 자신감도 생겼습니다.

다이어트에 성공한 자람이는 평소 좋아하던 과목을 다시 공부해보겠다고 했습니다. 하루에 몇 시간씩, 어떤 과목을 공부할 것인지 계획을 세우고 공부한 양과 내용을 코치에게 공유하기로 했습니다. 자람이는 점차 도전 과목과 학습시간이 늘어나며 용기를 내기 시작했습니다.

자람이는 6개월 만에 30kg을 감량하면서 성적이 5등급에서 3등급으로 올랐습니다. 자람이는 이제 자퇴가 아닌 대학에 가고 싶으나 자신이 없다고 떨리는 목소리로 말했습니다. 면접을 잘 보면 대학에 갈 수 있다고 자신감을 심어주었습니다. 6개월 만에 30kg 감량과 성적 향상을 위한 노력을 어필하며 꼼꼼하게 면접에 대비하여 결국, 수시로 대학의 문턱을 넘는 데 성공했습니다. 그것도 장학생으로 말입니다. 너무도 감격스럽고 장하기만 합니다. 자람이는 공부를 안 하다 다시 시작하려니 버겁긴 하지만, 포기하지 않고 대학원은 꼭 서울로 가겠다고 다짐했습니다.

누군가 애정과 믿음을 가지고 기다려주면 자녀는 스스로 잘 자라줍니다. 자녀가 주도적으로 행복하고 편안한 삶을 살 수 있도록 환경을 제공하는 것이 중요합니다. 자녀는 부모가 키우는 것이 아니라 스스로 자라는 것임을 잊지 말아야 합니다.

## 작은 목표 열정과 성취 경험 제공

자녀가 작은 목표를 설정하고 성취 경험을 쌓을 수 있도록 돕는 것은 자녀의 자신감과 동기부여를 높이는 데 중요합니다. 작은 목표를 설정하고 성취하면서 자신감을 회복하고 학습에 대한 동기를 찾도록 도와주세요.

- **작은 목표 설정:** 자녀가 쉽게 달성할 수 있는 작은 목표를 설정하도록 도와주세요. 자녀가 목표를 달성했을 때 성취감을 느끼고, 이를 통해 자신감을 얻을 수 있도록 격려하세요. '하루에 30분씩 운동하기'나 '수학 문제 5개 풀기' 같은 작은 목표부터 시작해보세요.

- **성취 경험 제공:** 자녀가 목표를 달성했을 때 칭찬과 격려를 아끼지 말고, 그 성취를 인정해 주세요. 자녀가 자신의 노력을 통해 얻은 성취감을 느끼고, 그것이 학습과 다른 활동의 동기가 될 수 있도록 돕습니다. "네가 정말 열심히 해서 이뤄낸 것을 보니 정말 대단해." 같은 긍정적인 피드백은 자녀에게 큰 힘이 됩니다.

누군가 나에게
도움되는 말을
해준다면
뭐라고 할까요?

Options—05

이런 상황에 어떻게 질문해야 할까요?
........................................................................

........................................................................

........................................................................

........................................................................

........................................................................

........................................................................

........................................................................

## 부모님의 갑작스런 이혼으로 충격받아
## 자퇴한 고2 자람이

고등학교 2학년 자람이는 성실하고 학업에도 열정적이었던 학생이었습니다. 그러나 부모님의 갑작스러운 이혼을 통보받아 무기력해진 나머지 학교에 나가지 않게 되었습니다. 결국, 자퇴하고 방에서 나오지 않았습니다. 대학은 바라지도 않는다며 활기를 되찾게 도와달라는 엄마의 요청으로 코칭을 시작하게 되었습니다.

엄마에게 자람이의 동의하에 코칭을 진행하겠다고 하니, 3주 후 다시 연락이 왔습니다. 자람이가 적극적이지는 않지만 코칭을 받아보겠다고 했습니다. 대면 코칭은 부담스러워하여 전화 코칭으로 시작했습니다. 자람이는 말수가 적고 질문에만 짧게 답하거나 오랜 시간 생각 후 답을 했습니다.

전화 코칭을 통해 자람이의 마음에 함께 호흡하며 기다려주었습니다. 자람이가 편안하게 자신의 이야기를 할 수 있도록 충분히 기다렸습니다. 자람이의 상태를 탐색하며, 무기력감과 상실감의 원인을 파악했습니다. 부모님의 이혼은 집안의 지붕이 무너진 듯한 충격과 상실감으로 다가왔습니다.

슬슬 마음의 문이 열리는지 4회기부터 대면 코칭을 허락합니다. 자람이가 대면 코칭을 받아들인 것은 큰 진전이었습니다. 심리 검사를 통해 현재 자람이의 상황에 관해 이야기 나누며 가족에 대한 애정이 대단했던 자람이에게 부모님의 이혼은 큰 상처였음을 이해하고 공감해 주었습니다.

비록 부모님은 이혼했지만, 부모님으로서 각자의 위치에서 자신을 여전히 사랑하고 있다는 사실을 확인시켜주었습니다. 부모님들의 삶과 자신의 삶을 분리해야 함을 알아차릴수록 자람이의 에너지가 조금씩 올라오기 시작했습니다.

자람이에게 앞으로 어떻게 되길 원하냐고 물었을 때, 잠시 생각하더니 부모님의 이혼 이야기와는 무관하게 대학에 가고 싶다고 했습니다. 어두운 그림자에서 스스로 걸어 나오는 놀라운 변화였습니다. 책을 보지 않은 지 한참 되었지만, 검정고시부터 차분히 준비하고 기숙학원에 등록해 수능을 보겠다고 합니다.

실행하는 데 있어 걸림돌을 탐색해보니 핸드폰이었습니다. 핸드폰을 스스로 잠금장치를 하고 공부에 집중하기로 했습니다. 무기력이 올라올 때는 의도적으로 산책하기로 다짐하고 잘 실행하고 있는지 점검하기 위해 습관이 잡힐 때까지 매일 코치에게 카톡을 보내고, 습관이 잡히면 스스로 체크리스트를 통해 관리하기로 했습니다.

코칭하는 동안 검정고시에 합격했고, 기숙학원에도 등록했습니다. 코칭 종료 후에는 예전의 모습을 찾고 열심히 공부하며 아빠와도 시간을 보내고 있다는 소식을 들었습니다.

동굴 속에서 스스로 걸어 나오기까지 얼마나 두렵고 힘겨웠을까요…. 끊임없는 지지와 응원으로 곁에서 함께 호흡해주는 것, 지치지 않는 기다림, 방향을 정해주는 것이 아닌 스스로 방향을 설정하고 나아갈 수 있도록 믿음을 가지고 격려해주는 것, 이것이 코칭의 힘입니다.

## 공감하고 지지하며 실행 계획 지원

자녀가 충격적인 상황을 겪을 때, 그들의 감정과 상황에 대한 충분한 공감과 지지가 필요합니다. 또한, 자녀가 자신의 목표를 설정하고 실행할 수 있도록 도와주는 것이 중요합니다.

- **공감과 지지:** 자녀의 이야기에 공감하고 격려하며 그들의 결정을 지지해 주세요. 자녀가 어려움을 극복하고 앞으로 나아갈 수 있도록 끊임없는 지지와 응원을 제공하세요. "너는 할 수 있어.", "언제든지 네 곁에 있을게."와 같은 말은 자녀에게 큰 힘이 됩니다.

- **실행 계획 지원:** 자녀가 설정한 목표를 달성하기 위한 구체적인 실행 계획을 세우도록 도와주세요. 자녀가 목표를 달성하기 위해, 필요한 자원과 도구를 제공하고, 실행 과정에서 발생할 수 있는 어려움을 극복할 수 있도록 지원해 주세요. 자녀가 목표를 달성할 때까지 지속적인 격려와 지원을 아끼지 마세요.

성공적으로
진행 되려면
당신은
어떤 것에
집중해야
하나요?

Will-04

이런 상황에 어떻게 질문해야 할까요?

## 따돌림에 시달려 자퇴를 원하는 중2 자람이

초등학교 때까지는 활발하고 친구들과도 잘 지내던 자람이. 중학생이 되면서부터 말수가 줄어들고 학교에 가기 싫다며 결석, 지각, 조퇴를 일삼고 있었습니다. 출결 일수 때문에 출결 관리에 신경을 써야 하는 상황이었고, 3번만 더 결석하면 유급이었습니다. 학원도 한 곳에 정착하지 못하고 이곳저곳을 옮겨 다니며 학원 선생님의 실력 탓을 하는 자람이를 지켜본 부모님은 답답해하고 있었습니다. 엄마가 원하는 것은 단 하나! 자람이가 학교에 다니게만 해달라는 것이었습니다.

자람이의 영혼 없는 인사와 자기소개로 코칭을 시작했습니다. 상담실에 준비된 간식만 먹고 아무 말도 하지 않는 자람이에게 코칭을 원해서 오게 되었는지 물으니 그렇다고 대답했습니다. 한동안 침묵이 흐르다가 자람이는 친구들의 말에 어느 정도까지 장단을 맞춰야 할지, 어디서 웃어야 할지 모르겠다고 대화를 시작합니다. 학기 초에 아파서 학교에 일주일을 빠진 사이에 다른 친구들은 이미 그룹이 형성되어 있었습니다. 친구들 대화에 끼어들어도 주제가 넘어가고 혼자 남게 되는 상황이었습니다.

여러 가지 심리 검사를 통해 자람이의 성향을 파악해보니 자람이는 매우 내향적인 아이였습니다. 가장 중요한 것은 가정에서 부모님과의 대화는 거의 없고, 필요한 이야기만 주고받았습니다. 대화라고는 엄마의 일방적인 충고나 조언뿐이었습니다.

자람이와 3가지 목표를 설정해보기로 했습니다. 첫 번째는 처음 만난 친구와 친해지는 방법, 두 번째는 '티키타카 대화의 시도', 세 번째는 친구들의 말에 맞장구치며 웃어주는 방법을 연습하고 싶다고 했습니다. AI 시대에 소통하는 방법이 부재중이 되어버려 대화에도 연습과 훈련이 필요한 시대가 온 것입니다.

심리 검사 결과에 맞춰 매일 도전과 연습할 과제를 주었습니다. 또 한 가지 숙제는, 엄마와 매일 5분 이상 대화하는 것이었습니다. 식탁에 마주 앉아 눈을 마주치며 공감과 경청 대화를 하도록 엄마에게도 요청하니 엄마는 힘들 것 같다고 했지만, 설득 끝에 실행하기로 했습니다.

자람이의 변화를 눈 맞춤으로 확인할 수 있었습니다. 자람이는 제 눈을 보며 대화하며 웃기도 합니다. 학교에서 있던 일들을 마치 수다쟁이처럼 이야기하기도 합니다. 대화를 훈련하며 습관이 된 것입니다. 다정하고 재미있는 자람이로 변했다는 친구들의 반응을 들으며 자람이는 자신감을 얻었습니다.

코칭 회기가 모두 마무리되어 가면서, 자람이는 완전히 다른 사람이 되어 있었습니다. 자신감 있고 활기찬 모습으로 친구들과 어울리고 있었습니다. 엄마와의 대화도 자연스러워지며 가족 간의 유대감도 강화되었습니다.

# 적극적인 경청으로 대화 시간 만들기

부모가 자녀의 감정을 공감하고 경청하는 대화 방식은 자녀의 자신감을 키우고, 소통 능력을 향상하는 데 도움이 됩니다. 부모와 자녀 간의 대화는 자녀의 정서적 안정과 사회적 능력 향상에 큰 영향을 미칩니다. 대화 시간이 늘어나면 긍정적인 변화를 경험할 것입니다.

- **적극적인 경청:** 자녀가 말할 때, 끼어들지 않고 끝까지 들어주는 것이 중요합니다. 자녀의 말을 듣는 동안 눈을 맞추고, 고개를 끄덕이는 등의 적극적인 경청 태도를 보여주세요. 자녀가 자신의 감정을 자유롭게 표현할 수 있는 안전한 공간을 제공하는 것이 핵심입니다.

- **일상 대화 습관화:** 자녀와의 대화 시간을 매일 일정 시간 확보하세요. 식사 시간, 잠들기 전, 또는 학교 다녀온 후의 짧은 시간이라도 자녀와 대화하는 습관을 들이는 것이 중요합니다. 이 시간을 통해 자녀가 자신의 감정과 생각을 표현할 수 있도록 도와주세요.

만일 당신 앞에
요술방망이가 있다면
어떤 능력을
받고 싶나요?

Options—04

이런 상황에 어떻게 질문해야 할까요?

# 언니의 사춘기로 가족 모두가 힘든 중2 자람이

　　고등학생 언니와 중학생인 자람이는 한 지붕 아래 살고 있지만, 전혀 다른 세상에 살고 있었습니다. 엄마는 이런 딸들의 문제를 해결하기 위해 코칭을 요청했습니다.

　　언니와의 사이가 좋았던 자람이에게 언니의 사춘기는 강하게 다가왔습니다. 언니는 쇼핑과 화장에 심하게 관심을 보이며, 가정에 대한 불만만 끊임없이 표출했습니다. 가출도 여러 번 했으며 부모님이 안 계실 때마다 남자친구를 데려왔습니다. 이런 언니의 모습이 자람이에게는 실망이자 스트레스였습니다.

　　자람이의 눈에는 불만이 가득했고 자존감이 낮아 보였습니다. 심리검사를 통해 주도적이고 신중한 성향임을 알 수 있었습니다. 하지만 사나운 언니에게 눌려 자신의 주도성을 보여줄 수도 없습니다. 언니는 허락 없이 자람이의 방에 들어와 자람이의 옷을 입고 나가거나, 돈을 가져가는 등 무례한 행동을 일삼았습니다. 엄마가 퇴근하기 전까지의 시간이 자람이에게는 지옥과도 같았습니다.

　　자람이는 자신의 이야기를 할 곳이 필요했습니다. 친구들에게는 창피해서 이야기하지 못했고, 아빠와의 대화는 이미 단절된 상태였습니다. 엄마에게 이야기하면 오히려 엄마는 더 힘들다는 푸념을 하기 일쑤였습니다. 그래서 집을 떠나고 싶은 마음이 점점 커져가는 자람이의 마음을 만나보았습니다.

어떤 조언이나 제안 없이 함께 호흡하며 공감과 경청으로 자람이의 이야기를 들어주었습니다. 한참 동안 이야기 보따리를 풀어놓던 자람이는 그제야 눈물을 흘렸습니다. 눈물 뒤에 숨겨진 감정은 언니를 사랑하고, 좋은 관계를 원하지만 변한 언니의 모습에 속상하고 두렵고 슬프다는 것이었습니다.

자람이는 언니와의 관계 개선을 위해 자신이 할 수 있는 것들을 찾아보기로 합니다. 먼저 자신의 욕구와 의도를 건강하게 표현하는 연습을 했습니다. 거절하는 것은 나쁜 것이 아니라 자신을 지키는 것임을 이해하게 되었습니다. 언니에게 단호하게 자신의 감정을 표현하는 방법을 연습했습니다.

자람이는 언니에게 자신의 물건을 허락 없이 가져가는 행동이 무례하다고 단호하게 이야기하기 시작했습니다. 처음에는 언니의 반응이 격렬했지만, 자람이는 포기하지 않고 계속해서 단호하게 자신의 의사를 표현했습니다.

자람이의 단호한 태도에 언니도 점점 달라지기 시작했습니다. 언니는 처음에는 화를 내고 욕을 했지만, 점차 자람이의 말에 귀를 기울이기 시작했습니다. 자람이도 언니와의 관계에서 작은 변화가 일어나기 시작함을 느꼈습니다.

자람이는 언니와의 관계에서 작은 승리를 경험하며 자존감을 회복해 나갔습니다. 엄마와의 대화 시간도 늘어났고, 아빠와도 조금씩 소통을 시도해 보았습니다. 가족 내 소통의 중요성을 깨닫고, 꾸준히 노력하기로 다짐했습니다.

자람이는 코칭을 통해 자신을 보호하고 지키는 방법과 단호하게 의사 표현하는 방법을 스스로 알아차리고 훈련하였습니다. 가족 간의 소통도 조금씩 개선되어 갔습니다. 독립을 요구했던 자람이는 자신이 속한 환경에서 서서히 변화를 만들어 가게 되었습니다.

자람이의 이야기를 깊이 듣고 공감해 주는 것이 얼마나 중요한지, 그리고 그 과정에서 자람이 스스로가 성장할 기회를 제공하는 것이 코칭의 힘이라는 것을 다시 한번 느낍니다.

부모님도 자녀의 마음을 이해하고 소통 방법의 중요성을 깊이 느끼게 되었습니다. 자녀가 주도적으로 자신의 삶을 살아갈 수 있도록 지지하고 격려하는 것이 부모의 역할임을 다시 한번 되새기게 되었습니다.

## 자녀의 자아존중감과 주도성 강화

자녀가 자신의 감정을 건강하게 표현하고 주도적으로 행동할 수 있도록 돕는 것이 중요합니다. 자신의 감정을 단호하게 표현하고 주도적으로 행동하면서 자존감을 회복하고 관계를 개선할 수 있습니다.

- **자아존중감 강화:** 자녀의 노력을 인정하고 작은 성취를 칭찬하여 자존감을 높여주세요. "네가 정말 용기 있게 말했어.", "네가 노력한 덕분에 상황이 좋아지고 있어." 같은 긍정적인 피드백은 자녀의 자신감을 키우는 데 큰 도움이 됩니다.

- **주도성 지원:** 자녀가 스스로 목표를 설정하고 실행할 수 있도록 도와주세요. 자녀가 자신의 의견을 단호하게 표현할 수 있도록 격려하고, 그들의 결정을 존중하는 것이 중요합니다. 자녀가 주도적으로 행동할 때, 그들의 선택과 행동을 지지하고 응원해 주세요.

## 자신을 향한
## 응원의 메세지

이런 상황에 어떻게 질문해야 할까요?

# 제4부

# GROW 6
# 코칭 질문 카드

# 01

# GROW 6 코칭 질문 카드란?

GROW 코칭 대화 모델은 1980년대 초에 존 휘트모어가 처음으로 조직에 도입한 코칭 대화법입니다. 이 코칭 대화 모델은 코칭에서 가장 많이 사용되고 있는 프로세스 중 하나입니다. 이 카드는 GROW 코칭 대화 모델을 기반으로 질문, 이미지를 활용하여 다양한 코칭 현장과 일상생활에서 활용할 수 있도록 개발하였습니다.

## ♣ 카드 구성

- 총 67장의 카드로 구성
- 코칭 대화에 익숙하지 않은 분들도 사용할 수 있도록 사용 순서가 표시됨
- 이미지 카드로 사용 가능

## ♣ 카드 사용 대상

- 전문 코치, 부모/자녀, 교사/학생, 부부/연인
- 상사/직원, 또래 코칭, 코치 자격을 준비하는 분
- 상담사, 강사 등

# GROW 6 코칭 질문 카드 활용법

1) **이미지 카드 활용:** 코칭과 강의 초반에 관계 형성 단계에서 다양하게 활용 가능

2) **개인 코칭에서 활용:** 개인 코칭에서 단계별로 코칭 질문(이미지)을 코치가 뽑거나 상대방에게 직접 뽑도록 해서 질문이나 이미지를 보고 대화를 진행

3) **팀 코칭 또는 그룹 코칭에서 활용:** 질문 카드와 이미지 카드를 활용하여 한 사람의 코치(역할)가 다수를 대상으로, 또는 다수의 코치(역할)가 1명을 대상으로 활용 가능

4) **코칭 교육에서 활용:** 코칭 교육에서 코칭 질문과 프로세스에 대한 연습으로 활용 가능

5) **가정에서 활용:** 가정에서 자녀들과 원활한 의사소통, 깊은 대화를 하는 데 활용 가능

이외에도 기업(공무원)에서 조직원 대상, 중간 관리자 대상 등의 교육, 강의, 상담 등 다양한 현장에서 활용될 수 있습니다.

질문카드

이미지카드

GROW 6 코칭 질문 카드 구입 및 교육 문의
- 네이버 스마트 스토어 '코칭 질문 카드' 검색

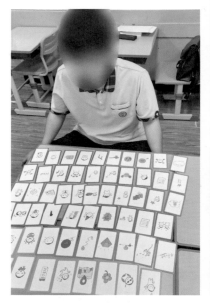

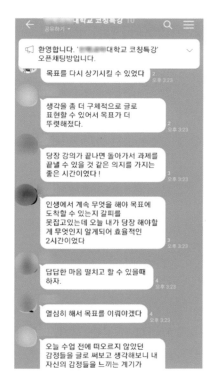

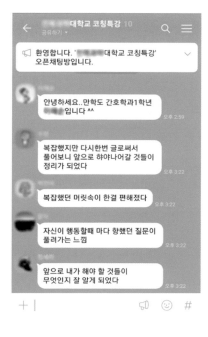

# 이 책을 마무리하며

　　이 책을 집필하는 동안, 수많은 청소년들과 그들의 부모님들에게 도움이 되기를 바라는 마음으로 글을 쓰게 되었습니다. 『똑똑한 부모의 따뜻한 코칭』이라는 제목처럼, 성장의 길목에서 올바른 방향을 제시해주는 한 마디의 코칭과 따뜻한 격려가 얼마나 큰 힘이 되는지 깨닫게 되었습니다.

　우리 청소년들은 무한한 가능성을 지닌 미래의 주역들입니다. 때로는 실패하고 때로는 방황하기도 하지만, 이 모든 경험이 성장의 밑거름이 될 것입니다. 이 책이 여러분에게 작은 등불이 되어, 가장 어두운 시기에도 길을 잃지 않고 앞으로 나아갈 수 있는 힘을 주기를 바랍니다.

　또한, 부모님들께도 이 책이 자녀들과의 소통과 이해를 돕는 가이드가 되기를 희망합니다. 청소년기의 자녀들과 함께 성장해가는 과정에서 어려움을 느끼실 때, 이 책이 작은 위로와 조언을 드릴 수 있다면 더없는 보람이겠지요.

　끝으로, 이 글을 읽는 모든 분들께 감사의 인사를 전합니다. 여러

분의 열정과 지지 덕분에 이 책이 탄생할 수 있었습니다. 우리의 여정은 여기서 끝이 아니며, 함께 더 나은 미래를 만들어 가기 위해 끊임없이 고민하고 노력하겠습니다. 감사합니다.

저자 일동

# 참고 문헌

KBS 뉴스(2009. 11. 04.) '10년간 결실' 한 그루에 사과 1,000개

경북일보(2012. 07. 22.) 경주 '일만 송이 토마토 정원' 아시나요

권중돈, 2014, 『인간행동과 사회환경(이론과 실천)』, 학지사

도미향, 이소희, 길영환, 김혜연, 2016, 『코칭학개론』, 신정

박창규, 2015, 『임파워링하라』, 넌 참 예뻐

박창규, 원경림, 유성희, 2023, 『코칭핵심역량』, 학지사

유동수, 김현수, 한상진, 2014, 『한코칭』, 학지사

이동운, 2014, 『코칭의 정석』, 뷰티풀휴먼

최성애, 조벽, 2012, 『청소년 감정코칭』, 해냄

한겨레, 2017. 08. 30., 『포도나무 한 그루에 4천 송이가 열렸다』

한겨레, 2022. 08. 22., 『티칭이 아닌 코칭』

한국코치협회 홈페이지(https://www.kcoach.or.kr)

행복한교육(https://happyedu.moe.go.kr)

Daniel Goleman 외, 2018, 『공감』, 21세기북스

Dorothy Leeds, 2012, 『질문의 7가지 힘』, 더난출판

GROW 6 코칭 질문 카드, 2022

Marshall B. Rosenberg, 2013, 『비폭력 대화』, 한국 NVC 센터

William R. Miller 외, 2015, 『동기 강화 상담』, 시그마프레스

## 똑똑한 부모의 따뜻한 코칭

**펴 낸 날**   2024년 9월 9일

**지 은 이**    나정연, 박미정, 이유경
**펴 낸 이**    이기성
**기획편집**    윤가영, 이지희, 서해주
**표지디자인**  윤가영
**책임마케팅**  강보현 김성욱
**펴 낸 곳**    도서출판 생각나눔
**출판등록**    제 2018-000288호
**주   소**    경기도 고양시 덕양구 청초로 66, 덕은리버워크 B동 1708, 1709호
**전   화**    02-325-5100
**팩   스**    02-325-5101
**홈페이지**    www.생각나눔.kr
**이 메 일**    bookmain@think-book.com

• 책값은 표지 뒷면에 표기되어 있습니다.
  ISBN  979-11-7048-747-0(03370)